全国环境影响评价工程师职业资格考试系列参考资料

环境影响评价相关法律法规试题解析

（2025 年版）

刘雪锦　主编

中国环境出版集团・北京

图书在版编目（CIP）数据

环境影响评价相关法律法规试题解析 ： 2025年版 / 刘雪锦主编. -- 11版. -- 北京 ： 中国环境出版集团, 2025. 3. -- (全国环境影响评价工程师职业资格考试系列参考资料). -- ISBN 978-7-5111-6183-3

Ⅰ. D922.68-44

中国国家版本馆CIP数据核字第2025GW5030号

策划编辑 黄晓燕
责任编辑 侯华华
封面设计 宋 瑞

出版发行 中国环境出版集团
（100062 北京市东城区广渠门内大街 16 号）
网 址：http://www.cesp.com.cn
电子邮箱：bjgl@cesp.com.cn
联系电话：010-67112765（编辑管理部）
010-67112735（第一分社）
发行热线：010-67125803，010-67113405（传真）

印 刷 玖龙（天津）印刷有限公司
经 销 各地新华书店
版 次 2015 年 3 月第 1 版 2025 年 3 月第 11 版
印 次 2025 年 3 月第 1 次印刷
开 本 787×960 1/16
印 张 11.5
字 数 230 千字
定 价 37.00 元

本书编委会

主　　编　刘雪锦

副 主 编　郭　岩　郝　璟

参编人员　张智锋　张　涛　成西娟

　　　　　韩　艳　吴　敏　刘宏伟

　　　　　贾　佳　王　杰　王晓云

前　言

环境影响评价是我国的环境管理制度之一，是从源头上预防环境污染的主要手段。环境影响评价工程师职业资格考试制度是提高环境影响评价水平的一种有效举措，自 2005 年实施以来，对提高我国环境影响评价从业人员的专业素质起到了很大的推进作用。考试科目设“环境影响评价相关法律法规”“环境影响评价技术导则与标准”“环境影响评价技术方法”“环境影响评价案例分析”共四科，其中前三个科目的考试全部采用客观题，包括单项选择题和不定项选择题。

环境影响评价工程师职业资格考试的历年试题及解答一直是考生所需要的，因为通过对历年试题的学习，考生既可以了解考试命题的风格、各知识点的分值分布、考查的重点及难易程度，还可以锻炼应试思维。

目前，市面上大部分的历年考试试题都是按年份呈现给考生的。但是近年来，我国环境影响评价相关法律法规更新频繁，每年的考试大纲也都有不小的变化，很多知识点都有更新或删除。如果考生仍然按整套考试试题原封不动地复习，不仅浪费了宝贵的时间，而且还会被误导。因此，我们按照本年度考试大纲的要求，对历年考试试题进行了加工处理，分类筛选，按模块重新组织了试题，将一些重复的试题适当合并，剔除与现行相关法律法规不一致的试题，并有针对性地进行了解析。但需要说明的是，由于本书是历年考试试题的解析，因此无法包含本年度考试大纲中新增或有变化的内容，这点请考生在学习时注意，因为新增或有变化的内容一般都会作为下一次考试的重点内容之一。关于这些新增内容，可配套“基础过关800题”系列参考资料一并使用。

考生通过试题的练习可以巩固已学的知识，同时可以找到自己在系统复习中的不足之处，查漏补缺。本书既可以在每学习完一章后使用，也可以在复习冲刺阶段检测复习效果时当作模拟题来使用。

本书可作为环境影响评价工程师考试的辅导材料，并可供高等院校环境科学、环境工程等相关专业教学时参考。

本书在编写的过程中得到了陕西中圣生态环境咨询服务有限公司领导和同事给予的协助和大力支持，在此表示衷心的感谢。同时感谢中国环境出版集团为本书付出的劳动。本书编写过程中还参阅了部分国内相关文献和书籍，在此一并感谢。

尽管我们为本书的编写付出了大量的努力，但由于编者水平有限，本书的内容仍然可能存在疏漏，不足之处在所难免，敬请同行和读者批评指正。编者联系方式：zhifzhang@qq.com。

编　者

2025年3月

目　录

一、《中华人民共和国环境保护法》

一、单项选择题

1. 根据《中华人民共和国环境保护法》，环境保护坚持的原则包括保护优先、预防为主、（　　）。（2020 年、2021 年考题）

A．综合治理、公众参与　　B．综合治理、公众参与、损害担责

C．节约优先、自然恢复、公众参与　　D．科学治理、公众参与

2. 根据《中华人民共和国环境保护法》，下列关于开发利用自然资源的环境保护规定的有关说法，错误的是（　　）。（2020 年考题）

A．应当合理开发，保护生物多样性，保障生态安全

B．引进外来物种，应当采取措施，防止对生物多样性的破坏

C．优先引进国际先进生物技术，促进生物多样性的开发利用

D．开发利用自然资源，应当依法制定有关生态保护和恢复治理方案并予以实施

3. 下列部门中，属于《中华人民共和国环境保护法》中规定对农业环境保护承担责任的是（　　）。（2020 年考题）

A．各级人民政府　　B．各级生态环境主管部门

C．各级涉农行业主管部门　　D．县级、乡级人民政府

4. 根据《中华人民共和国环境保护法》，下列关于建设项目防治污染的设施与主体工程“三同时”的说法，正确的是（　　）。（2020 年考题）

A．防治污染的设施应不断提升和改进，不得擅自拆除或者闲置

B．防治污染的设施应纳入公用配套工程的设计、施工，与主体工程同时投产使用

C．防治污染的设施，应当与主体工程同时评价、同时建设、同时验收

D．防治污染的设施应当符合经批准的环境影响评价文件的要求，不得擅自拆除或者闲置

5. 根据《中华人民共和国环境保护法》，下列关于排污许可管理制度的说法，错误的是（　　）。（2020 年考题）

A．国家依照法律规定实行排污许可管理制度

B．排放污染物的企业事业单位，应当申请排污许可证

C．实行排污许可管理的企业事业单位和其他生产经营者应当按照排污许可证的要求排放污染物

D．未取得排污许可证的，不得排放污染物

6．某建设单位由于环境影响评价文件质量问题未通过环境主管部门审批，建设单位擅自开工建设，根据《中华人民共和国环境保护法》，下列关于该行为应承担法律责任的说法，正确的是（　　）。（2020 年考题）

A．由负有环境保护监督管理职责的部门责令停止建设，处以罚款，并可以责令恢复原状

B．由市级生态环境主管部门责令停止建设，处以罚款，并可以责令恢复原状

C．由县级以上生态环境主管部门责令停止建设，处以罚款，并可以责令恢复原状

D．由县级以上人民政府环境保护主管部门或者其他有关部门将案件移送公安机关，对其直接负责的主管人员和其他直接责任人员，处十日以上十五日以下拘留

7．根据《中华人民共和国环境保护法》，下列关于严重污染环境的工艺、设备和产品的说法，错误的是（　　）。（2021 年考题）

A．国家对严重污染环境的工艺、设备和产品实行淘汰制度

B．任何单位和个人不得生产、销售严重污染环境的工艺、设备和产品

C．任何个人不得使用严重污染环境的工艺、设备和产品

D．禁止引进不符合出口国环境保护规定的技术、设备、材料和产品

8．根据《中华人民共和国环境保护法》，某企业发生了突发环境事件，该企业应采取的措施不包括（　　）。（2021 年考题）

A．立即采取措施处理

B．向环境保护主管部门和有关部门报告

C．及时通报可能受到危害的单位和居民

D．组织评估事件造成的环境影响和损失

9．某建设单位由于环境影响评价文件质量问题未通过环境主管部门审批，建设单位擅自开工建设，根据《中华人民共和国环境保护法》，下列关于该行为应承担法律责任的说法，错误的是（　　）。（2021 年考题）

A．由负有环境保护监督管理职责的部门责令停止建设，处以罚款

B．由市级以上生态环境行政主管部门对其环境影响评价文件编制单位处以罚款

C．被责令停止建设，拒不执行的，由县级以上人民政府环境保护主管部门或者其他有关部门将案件移送公安机关

D．负有环境保护监督管理职责的部门可以责令其恢复原状

10．《中华人民共和国环境保护法》所称环境，是指影响人类生存和发展的各种（　　）的总体。（2022 年考题）

A．自然因素和社会因素　　B．经济因素和自然因素

C．社会因素和文化因素　　D．天然的和经过人工改造的自然因素

11．根据《中华人民共和国环境保护法》，未依法进行环境影响评价的开发利用规划，不得（　　）。（2022 年考题）

A．组织编制　　B．组织评估

C．组织审查　　D．组织实施

12．根据《中华人民共和国环境保护法》，建设项目中防治污染的设施，应当与主体工程（　　）。（2022 年考题）

A．同时设计、同时施工、同时投产使用

B．同时备案、同时施工、同时竣工验收

C．同时备案、同时施工、同时投产使用

D．同时设计、同时施工、同时竣工验收

13．根据《中华人民共和国环境保护法》，下列关于严重污染环境的工艺、设备和产品淘汰制度的规定不包括（　　）。（2022 年考题）

A．任何单位不得使用严重污染环境的工艺

B．任何单位不得销售严重污染环境的设备

C．任何个人不得转移严重污染环境的工艺

D．任何个人不得保存严重污染环境的产品

14．根据《中华人民共和国环境保护法》，下列关于农业和农村环境污染防治的说法，错误的是（　　）。（2022 年考题）

A．禁止将固体废物、废水施入永久基本农田，防止农业面源污染

B．定点屠宰企业等的选址、建设和管理应当符合有关法律法规规定

C．从事屠宰的个人应当对畜禽粪便、污水等废弃物进行科学处置

D．施用农业投入品应当防止重金属和其他有毒有害物质污染环境

15．根据《中华人民共和国环境保护法》，下列关于重点排污单位防治环境污染和危害责任的规定，错误的是（　　）。（2023 年考题）

A．应按照国家有关规定和监测规范安装使用监测设备

B．应保存原始监测记录

C．应委托第三方机构运维

D．应明确单位负责人和相关人员的责任

16．根据《中华人民共和国环境保护法》，“在发生或者可能发生突发环境事件时，企业事业单位应当采取的措施”错误的是（　　）。（2023 年考题）

A．向生态环境主管部门和有关部门报告

B．及时通报可能受到危害的单位和居民

C．及时评估事件造成的环境影响和损失

D．采取措施处理

17．根据《中华人民共和国环境保护法》，应当依法进行环境影响评价的是（　　）。（2023年考题）

A．编制有关开发利用规划应当依法进行环境影响评价

B．只有建设对环境有重大影响的项目，才依法进行环境影响评价

C．未依法进行环境影响评价的战略发展规划，不得组织实施

D．编制有关开发利用规划，可根据具体情况决定是否进行环境影响评价

18．根据《中华人民共和国环境保护法》，未依法进行环境影响评价的建设项目，不得（　　）。（2023年考题）

A．开工建设　　B．开展施工准备

C．予以备案或核准　　D．开展初步设计审查

19．根据《中华人民共和国环境保护法》，下列关于排污许可管理制度的规定，正确的是（　　）。（2023年考题）

A．实行排污许可管理的企业事业单位和其他生产经营者应当按照排污许可证的要求排放污染物

B．企业事业单位和其他生产经营者应当申请排污许可证

C．未取得排污许可证的企业事业单位和其他生产经营者不得开展生产经营活动

D．违反法律规定，未取得排污许可证排放污染物，由县级以上人民政府环境保护主管部门或者其他有关部门将案件移送公安机关，对其直接负责的主管人员和其他直接责任人员，处十日以上十五日以下拘留

20．根据《中华人民共和国环境保护法》，下列区域不属于划定生态保护红线的是（　　）。（2024年考题）

A．优化开发区　　B．生态环境敏感区

C．重点生态功能区　　D．生态环境脆弱区

21．根据《中华人民共和国环境保护法》，下列关于开发利用自然资源的说法，错误的是（　　）。（2024年考题）

A．合理开发，保障生态安全

B．全面开发，加大资源供给

C．制定并实施有关生态保护方案

D．制定并实施有关生态恢复治理方案

22．根据《中华人民共和国环境保护法》，下列关于排放污染物的企业事业单位防治污染的规定，错误的是（　　）。（2024年考题）

A．应当安装自动监测设备

B．严禁通过渗坑等逃避监管的方式排放污染物

C．严禁通过渗井等逃避监管的方式排放污染物

D．严禁通过暗管等逃避监管的方式排放污染物

23．根据《中华人民共和国环境保护法》，下列关于重点污染物总量控制制度、排污许可管理制度有关规定，错误的是（　　）。（2024 年考题）

A．国家实行重点污染物排放总量控制制度

B．未取得排污许可证的企业不得排放污染物

C．国家依照法律规定实行排污许可管理制度

D．重点污染物排放总量控制指标由国务院下达

24．根据《中华人民共和国环境保护法》，下列关于淘汰严重污染环境设备的规定，错误的是（　　）。（2024 年考题）

A．任何单位不得转移　　B．任何单位不得处置

C．任何单位不得使用　　D．任何单位不得生产

二、不定项选择题

1．根据《中华人民共和国环境保护法》，下列关于依法进行环境影响评价有关规定，正确的有（　　）。（2020 年考题）

A．未依法进行环境影响评价的建设项目，不得开工建设

B．未依法进行环境影响评价的战略规划，不得组织实施

C．未依法进行环境影响评价的开发利用规划，不得组织实施

D．建设项目应当进行环境影响评价

2．根据《中华人民共和国环境保护法》，下列现象中，属于生态失调现象的有（　　）。（2020 年考题）

A．植被破坏　　B．水土流失　　C．水源枯竭　　D．水体富营养化

3．根据《中华人民共和国环境保护法》，下列区域中，属于各级人民政府应当采取措施予以保护，严禁破坏的有（　　）。（2021 年考题）

A．重要的水源涵养区域　　B．溶洞发育区

C．濒危的野生动植物自然分布区域　　D．具有科学文化价值的地质构造

4．根据《中华人民共和国环境保护法》，下列属于通过逃避监管的方式违法排放污染物的行为有（　　）。（2021 年考题）

A．通过高压灌注向地下排放污染物

B．删除在线监测设备异常、超标数据

C．初期雨水通过暗管直接排入地表水体

D．超出排放标准排放污染物

5. 根据《中华人民共和国环境保护法》，下列关于农田环境保护的说法，错误的有（　　）。（2021 年考题）

A. 禁止使用含重金属的农药

B. 禁止将畜禽养殖场粪污直接施入农田

C. 禁止将城镇生活污水处理厂污泥施入农田

D. 禁止将城镇生活污水处理厂出水排入农田灌溉渠道

6. 根据《中华人民共和国环境保护法》，国家划定的生态保护红线包括（　　）。（2022 年考题）

A. 农产品主产区　　B. 生态环境敏感区

C. 脆弱区　　D. 国家层面重点开发区

7. 根据《中华人民共和国环境保护法》，下列关于重点污染物排放总量控制制度的说法，正确的有（　　）。（2022 年考题）

A. 重点污染物排放总量控制指标由国务院下达，省级人民政府分解落实

B. 企业事业单位应遵守分解落实到本单位的重点污染物排放总量控制指标

C. 未完成环境质量目标的地区，应暂停审批该地区新建建设项目环境影响评价文件

D. 超过污染物排放总量指标的地区，应暂停审批该地区建设项目环境影响评价文件

8. 《中华人民共和国环境保护法》所称环境包括（　　）。（2023 年考题）

A. 湿地　　B. 矿藏　　C. 野生生物　　D. 人文遗迹

9. 根据《中华人民共和国环境保护法》，下列关于加强农业环境保护的说法，正确的有（　　）。（2023 年考题）

A. 加强对农业污染源的监测预警

B. 促进农业环境保护新技术的使用

C. 防治土壤污染和土地盐渍化

D. 推广高效农业防治植物病虫害

10. 根据《中华人民共和国环境保护法》，下列关于依法进行环境影响评价的规定，正确的有（　　）。（2024 年考题）

A. 编制乡镇发展规划，应当进行环境影响评价

B. 未依法进行环境影响评价的建设项目，不得开工建设

C. 建设对环境有影响的项目，应当依法进行环境影响评价

D. 未依法进行环境影响评价的开发利用规划，不得组织实施

11. 根据《中华人民共和国环境保护法》，下列关于加强农业环境保护和防止农业生产污染环境的做法，正确的有（　　）。（2024 年考题）

A．推动农村环境综合整治

B．加强对农业污染源的监测预警

C．促进农业环境保护新技术的使用

D．推广高效农药在粮食主产区的使用

参考答案

一、单项选择题

1．B 【解析】第五条："环境保护坚持保护优先、预防为主、综合治理、公众参与、损害担责的原则。"

2．C 【解析】第三十条："开发利用自然资源，应当合理开发，保护生物多样性，保障生态安全，依法制定有关生态保护和恢复治理方案并予以实施。引进外来物种以及研究、开发和利用生物技术，应当采取措施，防止对生物多样性的破坏。"

3．A 【解析】第三十三条："各级人民政府应当加强对农业环境的保护，促进农业环境保护新技术的使用，加强对农业污染源的监测预警，统筹有关部门采取措施，防治土壤污染和土地沙化、盐渍化、贫瘠化、石漠化、地面沉降以及防治植被破坏、水土流失、水体富营养化、水源枯竭、种源灭绝等生态失调现象，推广植物病虫害的综合防治。县级、乡级人民政府应当提高农村环境保护公共服务水平，推动农村环境综合整治。"

4．D 【解析】第四十一条："建设项目中防治污染的设施，应当与主体工程同时设计、同时施工、同时投产使用。防治污染的设施应当符合经批准的环境影响评价文件的要求，不得擅自拆除或者闲置。"

5．B 【解析】第四十五条："国家依照法律规定实行排污许可管理制度。实行排污许可管理的企业事业单位和其他生产经营者应当按照排污许可证的要求排放污染物；未取得排污许可证的，不得排放污染物。"

6．A 【解析】第六十一条："建设单位未依法提交建设项目环境影响评价文件或者环境影响评价文件未经批准，擅自开工建设的，由负有环境保护监督管理职责的部门责令停止建设，处以罚款，并可以责令恢复原状。"

7．D 【解析】第四十六条："国家对严重污染环境的工艺、设备和产品实行淘汰制度。任何单位和个人不得生产、销售或者转移、使用严重污染环境的工艺、设备和产品。禁止引进不符合我国环境保护规定的技术、设备、材料和产品。"

8．D 【解析】第四十七条："突发环境事件应急处置工作结束后，有关人民政府应当立即组织评估事件造成的环境影响和损失，并及时将评估结果向社会公布。”该项工作应由政府组织完成。

9. B 【解析】第六十一条：“建设单位未依法提交建设项目环境影响评价文件或者环境影响评价文件未经批准，擅自开工建设的，由负有环境保护监督管理职责的部门责令停止建设，处以罚款，并可以责令恢复原状。”

第六十三条：“企业事业单位和其他生产经营者有下列行为之一，尚不构成犯罪的，除依照有关法律法规规定予以处罚外，由县级以上人民政府环境保护主管部门或者其他有关部门将案件移送公安机关，对其直接负责的主管人员和其他直接责任人员，处十日以上十五日以下拘留；情节较轻的，处五日以上十日以下拘留：（一）建设项目未依法进行环境影响评价，被责令停止建设，拒不执行的”。

10. D 【解析】第二条：“本法所称环境，是指影响人类生存和发展的各种天然的和经过人工改造的自然因素的总体”。

11. D 【解析】第十九条：“未依法进行环境影响评价的开发利用规划，不得组织实施；未依法进行环境影响评价的建设项目，不得开工建设”。

12. A 【解析】第四十一条：“建设项目中防治污染的设施，应当与主体工程同时设计、同时施工、同时投产使用”。

13. D 【解析】第四十六条：“国家对严重污染环境的工艺、设备和产品实行淘汰制度。任何单位和个人不得生产、销售或者转移、使用严重污染环境的工艺、设备和产品”。

14. A 【解析】第四十九条：“各级人民政府及其农业等有关部门和机构应当指导农业生产经营者科学种植和养殖，科学合理施用农药、化肥等农业投入品，科学处置农用薄膜、农作物秸秆等农业废弃物，防止农业面源污染。禁止将不符合农用标准和环境保护标准的固体废物、废水施入农田。施用农药、化肥等农业投入品及进行灌溉，应当采取措施，防止重金属和其他有毒有害物质污染环境。畜禽养殖场、养殖小区、定点屠宰企业等的选址、建设和管理应当符合有关法律法规规定。从事畜禽养殖和屠宰的单位和个人应当采取措施，对畜禽粪便、尸体和污水等废弃物进行科学处置，防止污染环境”。

15. C 【解析】第四十二条：“排放污染物的企业事业单位，应当建立环境保护责任制度，明确单位负责人和相关人员的责任。重点排污单位应当按照国家有关规定和监测规范安装使用监测设备，保证监测设备正常运行，保存原始监测记录。”

16. C 【解析】第四十七条：“在发生或者可能发生突发环境事件时，企业事业单位应当立即采取措施处理，及时通报可能受到危害的单位和居民，并向生态环境主管部门和有关部门报告。”

17. A 【解析】第十九条：“编制有关开发利用规划，建设对环境有影响的项目，应当依法进行环境影响评价。未依法进行环境影响评价的开发利用规划，不得组织实施；未依法进行环境影响评价的建设项目，不得开工建设。”

18．A 【解析】第十九条：“未依法进行环境影响评价的建设项目，不得开工建设。”

19．A 【解析】第四十五条：“国家依照法律规定实行排污许可管理制度。实行排污许可管理的企业事业单位和其他生产经营者应当按照排污许可证的要求排放污染物；未取得排污许可证的，不得排放污染物。”BC 选项的前提条件是实行排污许可管理的企业事业单位和其他生产经营者，D 选项的前提是被责令停止排污，拒不执行的。

20．A 【解析】第二十九条：“国家在重点生态功能区、生态环境敏感区和脆弱区等区域划定生态保护红线，实行严格保护。”

21．B 【解析】第三十条：“开发利用自然资源，应当合理开发，保护生物多样性，保障生态安全，依法制定有关生态保护和恢复治理方案并予以实施。”

22．A 【解析】第四十二条：“排放污染物的企业事业单位，应当建立环境保护责任制度，明确单位负责人和相关人员的责任。重点排污单位应当按照国家有关规定和监测规范安装使用监测设备，保证监测设备正常运行，保存原始监测记录。严禁通过暗管、渗井、渗坑、灌注或者篡改、伪造监测数据，或者不正常运行防治污染设施等逃避监管的方式违法排放污染物。”A 是重点排污单位的要求，同时只有单行法里规定了“自动监测设备”，环保法未有此规定。

23．B 【解析】第四十四条：“国家实行重点污染物排放总量控制制度。重点污染物排放总量控制指标由国务院下达，省、自治区、直辖市人民政府分解落实。”第四十五条：“国家依照法律规定实行排污许可管理制度。实行排污许可管理的企业事业单位和其他生产经营者应当按照排污许可证的要求排放污染物；未取得排污许可证的，不得排放污染物。”B 选项中并不是所有企业均需要取得排污许可证。

24．B 【解析】 第四十六条：“国家对严重污染环境的工艺、设备和产品实行淘汰制度。任何单位和个人不得生产、销售或者转移、使用严重污染环境的工艺、设备和产品”。

二、不定项选择题

1．AC 【解析】第十九条：“编制有关开发利用规划，建设对环境有影响的项目，应当依法进行环境影响评价。未依法进行环境影响评价的开发利用规划，不得组织实施；未依法进行环境影响评价的建设项目，不得开工建设。”

2．ABCD 【解析】第三十三条：“各级人民政府应当加强对农业环境的保护，促进农业环境保护新技术的使用，加强对农业污染源的监测预警，统筹有关部门采取措施，防治土壤污染和土地沙化、盐渍化、贫瘠化、石漠化、地面沉降以及防治植被破坏、水土流失、水体富营养化、水源枯竭、种源灭绝等生态失调现象，推广植物病虫害的综合防治。”

3. AC 【解析】第二十九条：“各级人民政府对具有代表性的各种类型的自然生态系统区域，珍稀、濒危的野生动植物自然分布区域，重要的水源涵养区域，具有重大科学文化价值的地质构造、著名溶洞和化石分布区、冰川、火山、温泉等自然遗迹，以及人文遗迹、古树名木，应当采取措施予以保护，严禁破坏。”

4. ABC 【解析】第四十二条：“严禁通过暗管、渗井、渗坑、灌注或者篡改、伪造监测数据，或者不正常运行防治污染设施等逃避监管的方式违法排放污染物。”

5. ABCD 【解析】第四十九条：“各级人民政府及其农业等有关部门和机构应当指导农业生产经营者科学种植和养殖，科学合理施用农药、化肥等农业投入品，科学处置农用薄膜、农作物秸秆等农业废弃物，防止农业面源污染。禁止将不符合农用标准和环境保护标准的固体废物、废水施入农田。施用农药、化肥等农业投入品及进行灌溉，应当采取措施，防止重金属和其他有毒有害物质污染环境。畜禽养殖场、养殖小区、定点屠宰企业等的选址、建设和管理应当符合有关法律法规规定。从事畜禽养殖和屠宰的单位和个人应当采取措施，对畜禽粪便、尸体和污水等废弃物进行科学处置，防止污染环境。”因此，所有选项都不属于禁止行为。

6. BC 【解析】第二十九条：“国家在重点生态功能区、生态环境敏感区和脆弱区等区域划定生态保护红线”。

7. AB 【解析】第四十四条：“国家实行重点污染物排放总量控制制度。重点污染物排放总量控制指标由国务院下达，省、自治区、直辖市人民政府分解落实。企业事业单位在执行国家和地方污染物排放标准的同时，应当遵守分解落实到本单位的重点污染物排放总量控制指标。对超过国家重点污染物排放总量控制指标或者未完成国家确定的环境质量目标的地区，省级以上人民政府环境保护主管部门应当暂停审批其新增重点污染物排放总量的建设项目环境影响评价文件。”

8. ABCD 【解析】第二条：“本法所称环境，是指影响人类生存和发展的各种天然的和经过人工改造的自然因素的总体，包括大气、水、海洋、土地、矿藏、森林、草原、湿地、野生生物、自然遗迹、人文遗迹、自然保护区、风景名胜区、城市和乡村等。”

9. ABC 【解析】第三十三条：“各级人民政府应当加强对农业环境的保护，促进农业环境保护新技术的使用，加强对农业污染源的监测预警，统筹有关部门采取措施，防治土壤污染和土地沙化、盐渍化、贫瘠化、石漠化、地面沉降以及防治植被破坏、水土流失、水体富营养化、水源枯竭、种源灭绝等生态失调现象，推广植物病虫害的综合防治。”

10．BCD 【解析】第十九条：“编制有关开发利用规划，建设对环境有影响的项目，应当依法进行环境影响评价。未依法进行环境影响评价的开发利用规划，不得组织实施；未依法进行环境影响评价的建设项目，不得开工建设。” 乡镇发展规划不属于需要进行环境影响评价的开发利用规划。

11．ABC 【解析】第三十三条：“各级人民政府应当加强对农业环境的保护，促进农业环境保护新技术的使用，加强对农业污染源的监测预警，统筹有关部门采取措施，防治土壤污染和土地沙化、盐渍化、贫瘠化、石漠化、地面沉降以及防治植被破坏、水土流失、水体富营养化、水源枯竭、种源灭绝等生态失调现象，推广植物病虫害的综合防治。县级、乡级人民政府应当提高农村环境保护公共服务水平，推动农村环境综合整治。”D 选项农药的表述应为“科学合理施用农药”。

二、《中华人民共和国环境影响评价法》

一、单项选择题

1. 根据《中华人民共和国环境影响评价法》，下列设区的市级以上地方人民政府及其有关部门组织编制的规划中，属于应当编制环境影响报告书的是（　　）。（2020 年考题）

A. 城镇体系规划　　B. 土地利用规划

C. 种植业发展规划　　D. 水利指导性规划

2. 根据《中华人民共和国环境影响评价法》，下列评价内容中，不属于建设项目环境影响报告书中应当包括的内容是（　　）。（2020 年考题）

A. 建设项目周围环境现状

B. 建设项目对环境影响的经济损益分析

C. 对建设项目实施环境监测的建议

D. 建设项目跟踪评价及环境保护措施的论证

3. 根据《中华人民共和国环境影响评价法》，下列情形中，属于应当重新报批建设项目环境影响评价文件的是（　　）。（2020 年考题）

A. 建设项目的规模发生变动

B. 建设项目的环境影响评价文件自批准之日起超过五年

C. 建设项目的地点发生重大变动

D. 建设单位发生变动

4. 根据《中华人民共和国环境影响评价法》，国家根据建设项目对环境的影响程度，对建设项目的环境影响评价实行（　　）。（2022 年考题）

A. 分级管理　　B. 分类管理

C. 重点管理　　D. 简化管理

5. 根据《中华人民共和国环境影响评价法》，建设项目环境影响报告书应包括的内容是（　　）。（2022 年考题）

A. 建设项目立项核准备案情况　　B. 建设项目区域社会经济状况

C. 对项目实施环境监理的建议　　D. 对环境影响的经济损益分析

6．根据《中华人民共和国环境影响评价法》，应当进行环境影响评价的规划是（　　）。（2023 年考题）

A．某县旅游规划　　B．某省环境保护规划

C．某县能源规划　　D．某省流域开发利用规划

7．根据《中华人民共和国环境影响评价法》，下列建设项目的环境影响报告书应当包括的内容，错误的是（　　）。（2023 年考题）

A．建设项目概况

B．建设项目周围环境现状

C．对建设项目实施环境监测的建议

D．建设项目投资收益的经济损益分析

8．《建设项目环境影响后评价管理办法（试行）》所称环境影响后评价，是指编制环境影响报告书的建设项目在（　　）。（2023 年考题）

A．建设过程中

B．运行过程中

C．正式投入生产后

D．通过环境保护设施竣工验收且稳定运行一定时期后

9．建设项目的环境影响评价文件经批准后，建设项目的（　　）发生重大变动，不需要重新报批建设项目的环境影响评价文件。（2023 年考题）

A．项目性质　　B．投资金额

C．生产工艺　　D．防止生态破坏的措施

10．根据《中华人民共和国环境影响评价法》，某建设项目分两期建设，一期 16 年建设投资，6 年后拟启动二期项目建设，下列关于该建设单位履行环保手续的说法，正确的是（　　）。（2023 年考题）

A．无需任何操作

B．重新报批

C．原环境影响报告书报现审批部门重新审批

D．原环境影响报告书报原审批部门重新审核

11．根据《中华人民共和国环境影响评价法》，建设项目环境影响评价分类管理的依据是（　　）。（2023 年考题）

A．建设项目对环境的影响程度

B．建设项目的性质

C．建设项目的规模

D．建设项目所在区域的环境敏感程度

二、不定项选择题

1．根据《中华人民共和国环境影响评价法》，下列关于建设项目环境影响报告书（表）存在严重质量问题的法律责任的说法，错误的有（　　）。（2020 年考题）

A．对建设单位处一百万元以上二百万元以下的罚款

B．对接受委托编制环境影响评价文件的技术单位处所收费用三倍以上五倍以下的罚款

C．将接受委托编制环境影响评价文件的技术单位纳入征信黑名单

D．编制主持人和主要编制人员五年内禁止从事环境影响报告书、环境影响报告表编制工作

2．根据《中华人民共和国环境影响评价法》，技术单位违反国家有关环境影响评价标准和技术规范等规定，致使其编制的建设项目环境影响报告书内容存在重大缺陷，环境影响评价结论不正确或者不合理等严重质量问题，不构成犯罪的，处罚正确的是（　　）（2023 年考题）

A．对建设单位主要负责人处五万元以上二十万元以下的罚款

B．对技术单位处所收费用三倍以上五倍以下的罚款

C．将接受委托编制环境影响评价文件的技术单位纳入征信黑名单

D．编制主持人终身禁止从事环境影响报告书、环境影响报告表编制工作

3．根据《中华人民共和国环境影响评价法》，建设项目环境影响报告书的内容应当包括（　　）。（2024 年考题）

A．建设项目概况

B．环境保护措施监督检查清单

C．对建设项目实施环境监测的建议

D．建设项目对环境影响的经济损益分析

参考答案

一、单项选择题

1．C　【解析】第八条：“国务院有关部门、设区的市级以上地方人民政府及其有关部门，对其组织编制的工业、农业、畜牧业、林业、能源、水利、交通、城市建设、旅游、自然资源开发的有关专项规划（以下简称专项规划），应当在该专项规划草案上报审批前，组织进行环境影响评价，并向审批该专项规划的机关提出环境影响报告书。前款所列专项规划中的指导性规划，按照本法第七条的规定进行环境影响评价。”

2．D 【解析】第十七条："建设项目的环境影响报告书应当包括下列内容：（一）建设项目概况；（二）建设项目周围环境现状；（三）建设项目对环境可能造成影响的分析、预测和评估；（四）建设项目环境保护措施及其技术、经济论证；（五）建设项目对环境影响的经济损益分析；（六）对建设项目实施环境监测的建议；（七）环境影响评价的结论。"

3．C 【解析】第二十四条："建设项目的环境影响评价文件经批准后，建设项目的性质、规模、地点、采用的生产工艺或者防治污染、防止生态破坏的措施发生重大变动的，建设单位应当重新报批建设项目的环境影响评价文件。建设项目的环境影响评价文件自批准之日起超过五年，方决定该项目开工建设的，其环境影响评价文件应当报原审批部门重新审核；原审批部门应当自收到建设项目环境影响评价文件之日起十日内，将审核意见书面通知建设单位。"

4．B 【解析】第十六条："国家根据建设项目对环境的影响程度，对建设项目的环境影响评价实行分类管理"。

5．D 【解析】第十七条："建设项目的环境影响报告书应当包括下列内容：（一）建设项目概况；（二）建设项目周围环境现状；（三）建设项目对环境可能造成影响的分析、预测和评估；（四）建设项目环境保护措施及其技术、经济论证；（五）建设项目对环境影响的经济损益分析；（六）对建设项目实施环境监测的建议；（七）环境影响评价的结论"。

6．D 【解析】第八条："国务院有关部门、设区的市级以上地方人民政府及其有关部门，对其组织编制的工业、农业、畜牧业、林业、能源、水利、交通、城市建设、旅游、自然资源开发的有关专项规划（以下简称专项规划），应当在该专项规划草案上报审批前，组织进行环境影响评价，并向审批该专项规划的机关提出环境影响报告书。"规定范围不包括环境保护规划。第三十五条："省、自治区、直辖市人民政府可以根据本地的实际情况，要求本辖区的县级人民政府编制的规划进行环境影响评价。"所以县级规划不是应当进行环境影响评价。

7．D 【解析】第十七条："建设项目的环境影响报告书应当包括下列内容：（一）建设项目概况；（二）建设项目周围环境现状；（三）建设项目对环境可能造成影响的分析、预测和评估；（四）建设项目环境保护措施及其技术、经济论证；（五）建设项目对环境影响的经济损益分析；（六）对建设项目实施环境监测的建议；（七）环境影响评价的结论。"

8．D 【解析】《建设项目环境影响后评价管理办法（试行）》所称环境影响后评价，是指编制环境影响报告书的建设项目在通过环境保护设施竣工验收且稳定运行一定时期后，对其实际产生的环境影响以及污染防治、生态保护和风险防范措施的有效性进行跟踪监测和验证评价，并提出补救方案或者改进措施，提高环境影响评价有效性的方法与制度。

9. B 【解析】第二十四条：“建设项目的环境影响评价文件经批准后，建设项目的性质、规模、地点、采用的生产工艺或者防治污染、防止生态破坏的措施发生重大变动的，建设单位应当重新报批建设项目的环境影响评价文件。”

10. D 【解析】第二十四条：“建设项目的环境影响评价文件自批准之日起超过五年，方决定该项目开工建设的，其环境影响评价文件应当报原审批部门重新审核。”

11. A 【解析】第十六条：“国家根据建设项目对环境的影响程度，对建设项目环境影响评价实行分类管理。”

二、不定项选择题

1. AC 【解析】第三十二条：“建设项目环境影响报告书、环境影响报告表存在基础资料明显不实，内容存在重大缺陷、遗漏或者虚假，环境影响评价结论不正确或者不合理等严重质量问题的，由设区的市级以上人民政府生态环境主管部门对建设单位处五十万元以上二百万元以下的罚款，并对建设单位的法定代表人、主要负责人、直接负责的主管人员和其他直接责任人员，处五万元以上二十万元以下的罚款。接受委托编制建设项目环境影响报告书、环境影响报告表的技术单位违反国家有关环境影响评价标准和技术规范等规定，致使其编制的建设项目环境影响报告书、环境影响报告表存在基础资料明显不实，内容存在重大缺陷、遗漏或者虚假，环境影响评价结论不正确或者不合理等严重质量问题的，由设区的市级以上人民政府生态环境主管部门对技术单位处所收费用三倍以上五倍以下的罚款；情节严重的，禁止从事环境影响报告书、环境影响报告表编制工作；有违法所得的，没收违法所得。编制单位有本条第一款、第二款规定的违法行为的，编制主持人和主要编制人员五年内禁止从事环境影响报告书、环境影响报告表编制工作；构成犯罪的，依法追究刑事责任，并终身禁止从事环境影响报告书、环境影响报告表编制工作。”

2. AB 【解析】第三十二条：“建设项目环境影响报告书、环境影响报告表存在基础资料明显不实，内容存在重大缺陷、遗漏或者虚假，环境影响评价结论不正确或者不合理等严重质量问题的，由设区的市级以上人民政府生态环境主管部门对建设单位处五十万元以上二百万元以下的罚款，并对建设单位的法定代表人、主要负责人、直接负责的主管人员和其他直接责任人员，处五万元以上二十万元以下的罚款。接受委托编制建设项目环境影响报告书、环境影响报告表的技术单位违反国家有关环境影响评价标准和技术规范等规定，致使其编制的建设项目环境影响报告书、环境影响报告表存在基础资料明显不实，内容存在重大缺陷、遗漏或者虚假，环境影响评价结论不正确或者不合理等严重质量问题的，由设区的市级以上人民政府生态环境主管部门对技术单位处所收费用三倍以上五倍以下的罚款；情节严重的，禁止从事环境影响报告书、环境影响报告表编制工作；有违法所得的，没收违法所得。编制单位有本条第一款、第二款规定的违法行为的，编制主持人和主要编制人员五年内禁止从事环境影响报告书、环境影响报告表编制工作；构成犯罪的，依法追究刑事责任，并终身禁止从事环境影响报告书、环境影响报告表编制工作。”

3．ACD 【解析】第十七条：“建设项目的环境影响报告书应当包括下列内容：（一）建设项目概况；（二）建设项目周围环境现状；（三）建设项目对环境可能造成影响的分析、预测和评估；（四）建设项目环境保护措施及其技术、经济论证；（五）建设项目对环境影响的经济损益分析；（六）对建设项目实施环境监测的建议；（七）环境影响评价的结论。”

三、规划环境影响评价

一、单项选择题

1. 根据《规划环境影响评价条例》，环境影响篇章或说明应当包括（　　）。（2020 年考题）

A. 规划草案的环境合理性和可行性　　B. 规划草案的调整建议

C. 环境影响评价结论　　D. 与相关规划的环境协调性分析

2. 根据《规划环境影响评价条例》，下列关于专项规划环境影响报告书审查程序的说法，正确的是（　　）。（2020 年考题）

A. 规划编制机关在报送审批专项规划草案时，可以不附送环境影响报告书

B. 审查小组中专家人数不得少于审查小组总人数的三分之二

C. 设区的市级以上人民政府审批的专项规划，其环境影响报告书审查小组的专家应当由审批部门确定

D. 省级以上人民政府有关部门审批的专项规划，其环境影响报告书的审查办法，由国务院生态环境主管部门会同国务院有关部门制定

3. 根据《规划环境影响评价条例》，下列情形中，属于审查小组应当提出不予通过环境影响报告书意见的是（　　）。（2020 年、2021 年考题）

A. 基础资料、数据严重失实的

B. 依据现有知识水平和技术条件，对规划实施可能产生的不良环境影响的程度或者范围不能做出准确判断的

C. 未提出跟踪评价要求的

D. 规划实施可能造成重大不良环境影响，并且无法提出切实可行的预防或者减轻对策和措施的

4. 根据《规划环境影响评价条例》，下列不属于规划环境影响的跟踪评价应当包括的内容是（　　）。（2021 年考题）

A. 规划实施后环境政策和标准更新变化的比较分析和评估

B. 规划实施中所采取的预防或者减轻不良环境影响的对策和措施有效性的分析和评估

C．公众对规划实施所产生的环境影响的意见

D．跟踪评价的结论

5．根据《关于规划环境影响评价加强空间管制、总量管控和环境准入的指导意见（试行）》，下列说法中错误的是（　　）。（2021 年考题）

A．规划环评应将空间管制、总量管控和环境准入作为评价成果的重要内容

B．规划环评工作应在规划编制完成后介入，并将空间管制、总量管控和环境准入成果反馈给规划编制单位

C．加强空间管制，是指在明确并保护生态空间的前提下，提出优化生产空间和生活空间的意见和要求，推进构建有利于环境保护的国土空间开发格局

D．加强环境准入，是指在符合空间管制和总量管控要求的基础上，提出区域（流域）产业发展的环境准入条件，推动产业转型升级和绿色发展

6. 根据《规划环境影响评价条例》，规划环境影响篇章的内容不包括（　　）。（2022 年考题）

A．规划实施的回顾性环境影响评价

B．规划与相关规划的环境协调性分析

C．预防或者减轻不良环境影响对策

D．规划实施的资源环境承载能力分析

7．根据《规划环境影响评价条例》，下列关于规划环境影响评价公众参与的说法，正确的是（　　）。（2022 年考题）

A．对依法需要保密的专项规划进行环境影响评价，公众意见征求限于有关单位

B．公开征求意见与环境影响评价结论有重大分歧时，应采取论证会等形式进一步论证

C．应在报送审查的规划中附具对公众意见采纳与不采纳情况及其理由说明

D．对可能造成环境影响的综合规划，应公开征求对环境影响报告书的意见

8．根据《规划环境影响评价条例》，下列关于规划环境影响跟踪评价的说法，错误的是（　　）。（2022 年考题）

A．对环境有重大影响的规划实施后，应当组织规划环境影响的跟踪评价

B．对规划环境影响进行跟踪评价，应征求有关单位、专家和公众意见

C．环境保护主管部门发现规划实施工程中产生重大不良环境影响的，应及时进行核查

D．发现规划实施过程中产生累积环境影响的，应要求及时开展跟踪评价

9. 根据《规划环境影响评价条例》，省级国土空间规划包括的内容有（　　）。（2023 年考题）

A．规划草案的调整建议

B．资源环境承载能力分析

C．规划草案的环境合理性和可行性

D．预防或者减轻不良环境影响的对策和措施的合理性

10．根据《规划环境影响评价条例》，下列关于跟踪评价的说法，错误的是（　　）。（2023 年考题）

A．跟踪评价的结论

B．公众对规划实施所产生的环境影响的意见

C．规划实施中所采取的预防或者减轻不良环境影响的对策和措施的经济效益

D．规划实施后实际产生的环境影响与环境影响评价文件预测可能产生的环境影响之间的比较分析和评估

11．根据《规划环境影响评价条例》，规划环境影响评价技术机构弄虚作假造成环境影响评价文件严重失实，受到的处罚是（　　）。（2023 年考题）

A．对技术机构处以罚款

B．对技术机构信用扣分

C．省级环境保护主管部门予以通报

D．对编制人员处分

12．根据《规划环境影响评价条例》，应当进行环境影响评价的规划是（　　）。（2023 年考题）

A．经济技术开发区有关专项规划

B．环境保护规划

C．文化教育发展规划

D．某省流域开发利用规划

13．根据《规划环境影响评价条例》，下列（　　）不属于规划环境影响篇章或者说明应当包括的内容。（2024 年考题）

A．规划草案的调整建议

B．不良环境影响的预测

C．资源环境承载力分析

D．与相关规划的环境协调性分析

14．根据《规划环境影响评价条例》，专项规划环境影响报告书审查意见应当包括的内容有（　　）。（2024 年考题）

A．基础资料的时效性

B．评价方法的适当性

C．环境影响预测的真实性

D．公众参与的合法性

15．根据《规划环境影响评价条例》，对于规划环境影响报告书，审查小组应当提出不予通过意见的情形是（　　）。（2024 年考题）

A．规划实施可能造成重大不良环境影响的

B．预防或减轻不良影响的对策和措施存在严重缺陷的

C．对不良环境影响的分析、预测和评估不准确、不深入，需要进一步论证的

D．依据现有的知识水平和技术条件，对规划实施可能产生不良环境影响的程度不能作出科学判断的

16．根据《规划环境影响评价条例》，规划环境影响评价技术机构弄虚作假，造成规划环境影响评价文件严重失实，下列关于规划环境影响评价技术机构应当承担的法律责任，错误的有（　　）。（2024 年考题）

A．构成犯罪的，依法追究刑事责任

B．由国务院生态环境主管部门予以通报

C．处所收费用一倍以上三倍以下的罚款

D．列入环境影响评价信用平台失信名单

17．根据《关于进一步加强产业园区规划环境影响评价工作的意见》，下列关于产业园区规划环境影响评价的说法，错误的是（　　）。（2024 年考题）

A．入园建设项目开展环评工作时，应以产业园区规划环评为依据

B．产业园区规划环评结论及审查意见应依法作为规划审批决策的依据

C．产业园区管理机构在产业园区开发建设规划获批后依法开展环评工作

D．产业园区入园建设项目环评审批应将规划环评结论及审查意见作为重要依据

二、不定项选择题

1．根据《规划环境影响评价条例》，下列评价内容中，属于对规划进行环境影响评价应当分析、预测和评估的内容有（　　）。（2020 年考题）

A．规划实施的经济利益和长远利益之间的关系

B．规划实施的经济效益、社会效益与环境效益之间的关系

C．规划实施可能对环境和人群健康产生的短期影响和长远影响

D．规划实施可能对相关区域、流域、海域生态系统产生的整体影响

2．根据《规划环境影响评价条例》，不属于规划环境影响跟踪评价应当包括的评价内容有（　　）。（2020 年考题）

A．跟踪评价的结论

B．预防或者减轻不良环境影响的对策和措施

C．公众意见采纳与不采纳情况及其理由的说明

D．规划实施后实际产生的环境影响与环境影响评价文件预测可能产生的环境影响

之间的比较分析和评估

3．根据《关于规划环境影响评价加强空间管制、总量管控和环境准入的指导意见（试行）》，下列图件中，属于规划环评空间管制成果的有（　　）。（2020年考题）

A．优化后的生产空间分布图

B．优化后的生活空间分布图

C．优化后的生态空间分布图

D．生产、生活、生态空间及其组成区块开发管制总图

4．根据《规划环境影响评价条例》，下列（　　）不属于专项规划环境影响评价文件中应当包括的内容。（2021年考题）

A．规划实施对环境可能造成影响的分析、预测和评估

B．规划草案的环境合理性和经济技术可行性

C．预防或者减轻不良环境影响的对策和措施的合理性和有效性

D．提升环境绩效水平的合理性和有效性

5．根据《规划环境影响评价条例》，有下列（　　）情形的，审查小组应当提出对环境影响报告书进行修改并重新审查的意见。（2021年考题）

A．内容存在其他重大缺陷的

B．环境影响评价结论错误的

C．对不良环境影响的分析、预测和评估不准确的

D．未附具对公众意见采纳与不采纳情况及其理由的说明的

6．根据《关于进一步加强产业园区规划环境影响评价工作的意见》，以下说法中，正确的有（　　）。（2021年考题）

A．产业园区招商引资、入园建设项目环评审批等应将规划环评结论及审查意见作为重要依据

B．产业园区规划审批机关在审批规划时，应将规划环评结论及审查意见作为决策的重要依据

C．产业园区管理机构应切实担负起规划环评的主体责任，对规划环评的质量和结论负责，并接受所属人民政府的监督

D．产业园区入园建设项目开展环评工作时，应以产业园区规划环评为依据，重点分析项目环评与规划环评结论及审查意见的符合性

7．根据《规划环境影响条例》，专项规划环境影响报告书进行修改并重新审查的情形有（　　）。（2022年考题）

A．内容存在缺陷的

B．环境影响评价结论错误的

C．对不良环境影响的分析、预测和评估不准确的

D．未附具对公众意见采纳与不采纳情况及其理由的说明的

8．根据《关于进一步加强产业园区规划环境影响评价工作的意见》，开展产业园区规划环评的要求包括（　　）。（2022 年考题）

A．围绕产业园区实施时序提出优化调整建议

B．围绕产业园区结构、规模提出优化调整建议

C．围绕产业园区产业定位和布局提出减缓不良环境影响的对策措施

D．围绕产业园区重大基础设施建设内容提出减缓不良环境影响的对策措施

9．根据《规划环境影响条例》，应当分析、预测和评估以下内容（　　）。（2023 年考题）

A．规划实施对环境的长远影响

B．规划实施对人群健康的长远影响

C．规划实施的当前利益和长远利益之间的关系

D．规划实施对相关区域的局部影响

10．根据《规划环境影响评价条例》，规划环境影响评价分析、预测和评估的内容应当包括（　　）。（2024 年考题）

A．规划实施可能对环境产生的长远影响

B．规划实施可能对相关区域生态系统产生的整体影响

C．规划实施可能对人群健康产生的长远影响

D．规划实施的当前利益与长远利益之间的关系

11．根据《规划环境影响评价条例》，跟踪评价的内容应当包括（　　）。（2024 年考题）

A．跟踪评价的结论

B．规划调整建议

C．公众对规划实施所产生的环境影响的意见

D．采取的预防或者减轻不良环境影响的对策和措施有效性的分析和评估

参考答案

一、单项选择题

1．D　【解析】第十一条："环境影响篇章或者说明应当包括下列内容：（一）规划实施对环境可能造成影响的分析、预测和评估。主要包括资源环境承载能力分析、不良环境影响的分析和预测以及与相关规划的环境协调性分析。（二）预防或

者减轻不良环境影响的对策和措施。主要包括预防或者减轻不良环境影响的政策、管理或者技术等措施。环境影响报告书除包括上述内容外，还应当包括环境影响评价结论。主要包括规划草案的环境合理性和可行性，预防或者减轻不良环境影响的对策和措施的合理性和有效性，以及规划草案的调整建议。”

2．D 【解析】第十六条：“规划编制机关在报送审批专项规划草案时，应当将环境影响报告书一并附送规划审批机关审查；未附送环境影响报告书的，规划审批机关应当要求其补充；未补充的，规划审批机关不予审批。”

第十七条：“设区的市级以上人民政府审批的专项规划，在审批前由其环境保护主管部门召集有关部门代表和专家组成审查小组，对环境影响报告书进行审查。审查小组应当提交书面审查意见。省级以上人民政府有关部门审批的专项规划，其环境影响报告书的审查办法，由国务院环境保护主管部门会同国务院有关部门制定。”

第十八条：“审查小组的专家应当从依法设立的专家库内相关专业的专家名单中随机抽取。但是，参与环境影响报告书编制的专家，不得作为该环境影响报告书审查小组的成员。审查小组中专家人数不得少于审查小组总人数的二分之一；少于二分之一的，审查小组的审查意见无效。”

3．D 【解析】第二十一条：“有下列情形之一的，审查小组应当提出不予通过环境影响报告书的意见：（一）依据现有知识水平和技术条件，对规划实施可能产生的不良环境影响的程度或者范围不能做出科学判断的；（二）规划实施可能造成重大不良环境影响，并且无法提出切实可行的预防或者减轻对策和措施的。”

4．A 【解析】第二十五条：“规划环境影响的跟踪评价应当包括下列内容：（一）规划实施后实际产生的环境影响与环境影响评价文件预测可能产生的环境影响之间的比较分析和评估；（二）规划实施中所采取的预防或者减轻不良环境影响的对策和措施有效性的分析和评估；（三）公众对规划实施所产生的环境影响的意见；（四）跟踪评价的结论。”

5．B 【解析】“一、总体要求和适用范围：（三）规划环评工作要尽早介入规划编制，并将空间管制、总量管控和环境准入成果充分融入规划编制、决策和实施的全过程，切实发挥优化规划目标定位、功能分区、产业布局、开发规模和结构的作用，推进区域（流域）环境质量改善，维护生态安全。”

6．A 【解析】第十一条：“环境影响篇章或者说明应当包括下列内容：（一）规划实施对环境可能造成影响的分析、预测和评估。主要包括资源环境承载能力分析、不良环境影响的分析和预测以及与相关规划的环境协调性分析。（二）预防或者减轻不良环境影响的对策和措施。主要包括预防或者减轻不良环境影响的政策、管理或者技术等措施。环境影响报告书除包括上述内容外，还应当包括环境影响评价结论。主要包括规划草案的环境合理性和可行性，预防或者减轻不良环境影响的对策和措施的合理性和有效性，以及规划草案的调整建议。”

7．B 【解析】第十三条：“规划编制机关对可能造成不良环境影响并直接涉及公众环境权益的专项规划，应当在规划草案报送审批前，采取调查问卷、座谈会、论证会、听证会等形式，公开征求有关单位、专家和公众对环境影响报告书的意见。但是，依法需要保密的除外。有关单位、专家和公众的意见与环境影响评价结论有重大分歧的，规划编制机关应当采取论证会、听证会等形式进一步论证。规划编制机关应当在报送审查的环境影响报告书中附具对公众意见采纳与不采纳情况及其理由的说明。”

8．D 【解析】第二十四条：“对环境有重大影响的规划实施后，规划编制机关应当及时组织规划环境影响的跟踪评价，将评价结果报告规划审批机关，并通报环境保护等有关部门。”

第二十六条：“规划编制机关对规划环境影响进行跟踪评价，应当采取调查问卷、现场走访、座谈会等形式征求有关单位、专家和公众的意见。”

第二十七条：“规划实施过程中产生重大不良环境影响的，规划编制机关应当及时提出改进措施，向规划审批机关报告，并通报环境保护等有关部门。”

第二十八条：“环境保护主管部门发现规划实施过程中产生重大不良环境影响的，应当及时进行核查。经核查属实的，向规划审批机关提出采取改进措施或者修订规划的建议。”

9．B 【解析】省级国土空间规划的环评文件是环境影响篇章或说明，不是报告书。ACD 项均属于环境影响评价结论内容，是报告书专有的。

10．C 【解析】第二十五条：“规划环境影响的跟踪评价应当包括下列内容：(一)规划实施后实际产生的环境影响与环境影响评价文件预测可能产生的环境影响之间的比较分析和评估；（二）规划实施中所采取的预防或者减轻不良环境影响的对策和措施有效性的分析和评估；（三）公众对规划实施所产生的环境影响的意见；(四）跟踪评价的结论。”

11．A 【解析】第三十四条：“规划环境影响评价技术机构弄虚作假或者有失职行为，造成环境影响评价文件严重失实的，由国务院环境保护主管部门予以通报，处所收费用 1 倍以上 3 倍以下的罚款；构成犯罪的，依法追究刑事责任。”

12．D 【解析】第二条：“国务院有关部门、设区的市级以上地方人民政府及其有关部门，对其组织编制的土地利用的有关规划和区域、流域、海域的建设、开发利用规划（以下称综合性规划），以及工业、农业、畜牧业、林业、能源、水利、交通、城市建设、旅游、自然资源开发的有关专项规划（以下称专项规划），应当进行环境影响评价。”

13. A 【解析】第十一条：“环境影响篇章或者说明应当包括下列内容：（一）规划实施对环境可能造成影响的分析、预测和评估。主要包括资源环境承载能力分析、不良环境影响的分析和预测以及与相关规划的环境协调性分析。（二）预防或者减轻不良环境影响的对策和措施。主要包括预防或者减轻不良环境影响的政策、管理或者技术等措施。环境影响报告书除包括上述内容外，还应当包括环境影响评价结论。主要包括规划草案的环境合理性和可行性，预防或者减轻不良环境影响的对策和措施的合理性和有效性，以及规划草案的调整建议。”

14. B 【解析】第十九条：“审查意见应当包括下列内容：（一）基础资料、数据的真实性；（二）评价方法的适当性；（三）环境影响分析、预测和评估的可靠性；（四）预防或者减轻不良环境影响的对策和措施的合理性和有效性；（五）公众意见采纳与不采纳情况及其理由的说明的合理性；（六）环境影响评价结论的科学性。”

15. D 【解析】第二十一条：“有下列情形之一的，审查小组应当提出不予通过环境影响报告书的意见：（一）依据现有知识水平和技术条件，对规划实施可能产生的不良环境影响的程度或者范围不能作出科学判断的；（二）规划实施可能造成重大不良环境影响，并且无法提出切实可行的预防或者减轻对策和措施的。”B、C属于“修改并重新审查”的情形。

16. D 【解析】第三十四条：“规划环境影响评价技术机构弄虚作假或者有失职行为，造成环境影响评价文件严重失实的，由国务院环境保护主管部门予以通报，处所收费用1倍以上3倍以下的罚款；构成犯罪的，依法追究刑事责任。”

17. C 【解析】总体要求：“（一）编制产业园区开发建设规划时应依法开展规划环评。”不应在规划获批后开展。

二、不定项选择题

1. BD 【解析】第八条：“对规划进行环境影响评价，应当分析、预测和评估以下内容：（一）规划实施可能对相关区域、流域、海域生态系统产生的整体影响；（二）规划实施可能对环境和人群健康产生的长远影响；（三）规划实施的经济效益、社会效益与环境效益之间以及当前利益与长远利益之间的关系。”

2. BC 【解析】第二十五条：“规划环境影响的跟踪评价应当包括下列内容：（一）规划实施后实际产生的环境影响与环境影响评价文件预测可能产生的环境影响之间的比较分析和评估；（二）规划实施中所采取的预防或者减轻不良环境影响的对策和措施有效性的分析和评估；（三）公众对规划实施所产生的环境影响的意见；（四）跟踪评价的结论。”

3. ABD 【解析】“（九）规划环评的空间管制成果，应包括生态空间分布图和优化后的生活空间、生产空间分布图，生产、生活、生态空间及其组成区块开发管制总图，以及其他必要的支撑性图件。”

4．BD 【解析】第十条：“编制专项规划，应当在规划草案报送审批前编制环境影响报告书。”第十一条：“环境影响报告书除包括上述内容外，还应当包括环境影响评价结论。主要包括规划草案的环境合理性和可行性，预防或者减轻不良环境影响的对策和措施的合理性和有效性，以及规划草案的调整建议。”

5．ABCD 【解析】第二十条：“有下列情形之一的，审查小组应当提出对环境影响报告书进行修改并重新审查的意见：（一）基础资料、数据失实的；（二）评价方法选择不当的；（三）对不良环境影响的分析、预测和评估不准确、不深入，需要进一步论证的；（四）预防或者减轻不良环境影响的对策和措施存在严重缺陷的；（五）环境影响评价结论不明确、不合理或者错误的；（六）未附具对公众意见采纳与不采纳情况及其理由的说明，或者不采纳公众意见的理由明显不合理的；（七）内容存在其他重大缺陷或者遗漏的。”

6．ABCD 【解析】以上选项均为《关于进一步加强产业园区规划环境影响评价工作的意见》中第（二）（三）（四）条内容。

7．BCD 【解析】第二十条：“有下列情形之一的，审查小组应当提出对环境影响报告书进行修改并重新审查的意见：（一）基础资料、数据失实的；（二）评价方法选择不当的；（三）对不良环境影响的分析、预测和评估不准确、不深入，需要进一步论证的；（四）预防或者减轻不良环境影响的对策和措施存在严重缺陷的；（五）环境影响评价结论不明确、不合理或者错误的；（六）未附具对公众意见采纳与不采纳情况及其理由的说明，或者不采纳公众意见的理由明显不合理的；（七）内容存在其他重大缺陷或者遗漏的。”

8．ABCD 【解析】根据《关于进一步加强产业园区规划环境影响评价工作的意见》，规划环评应重点围绕产业园区产业定位、布局、结构、规模、实施时序以及产业园区重大基础设施建设等内容，从生态环境保护角度提出优化调整建议和减缓不良环境影响的对策措施。

9．ABC 【解析】第八条：“对规划进行环境影响评价，应当分析、预测和评估以下内容：（一）规划实施可能对相关区域、流域、海域生态系统产生的整体影响；（二）规划实施可能对环境和人群健康产生的长远影响；（三）规划实施的经济效益、社会效益与环境效益之间以及当前利益与长远利益之间的关系。”

10．ABCD 【解析】第八条：“对规划进行环境影响评价，应当分析、预测和评估以下内容：（一）规划实施可能对相关区域、流域、海域生态系统产生的整体影响；（二）规划实施可能对环境和人群健康产生的长远影响；（三）规划实施的经济效益、社会效益与环境效益之间以及当前利益与长远利益之间的关系。”

11. ACD 【解析】第二十五条："规划环境影响的跟踪评价应当包括下列内容：（一）规划实施后实际产生的环境影响与环境影响评价文件预测可能产生的环境影响之间的比较分析和评估；（二）规划实施中所采取的预防或者减轻不良环境影响的对策和措施有效性的分析和评估；（三）公众对规划实施所产生的环境影响的意见；（四）跟踪评价的结论。"

四、建设项目环境影响评价

一、单项选择题

1. 某餐饮连锁企业拟在全市各县开设门店，根据《建设项目环境影响登记表备案管理办法》，下列关于环境影响登记表备案要求的说法，正确的是（　　）。（2020年考题）

A. 门店开业前在该市生态环境主管部门备案

B. 门店开业后在该市生态环境主管部门备案

C. 门店开业前在各门店所在地县级生态环境主管部门备案

D. 门店开业后在各门店所在地县级生态环境主管部门备案

2. 某扩建项目需编制环境影响报告书，拟分期建设。根据《关于做好环境影响评价制度与排污许可制衔接相关工作的通知》，下列关于该项目环境影响报告书的说法，错误的是（　　）。（2020年考题）

A. 应当将排污许可证执行情况作为现有工程回顾评价的主要依据

B. 申请环境影响报告书时，应依法提交现有工程的排污许可证执行报告

C. 明确分期实施后排放口数量、位置以及每个排放口的污染物种类

D. 根据分期实施时的排放标准计算允许排放量，分期实施的允许排放量之和可以高于建设项目的总允许排放量

3. 根据《关于进一步加强石油天然气行业环境影响评价管理的通知》，下列关于石油天然气行业环境影响评价要求的说法，错误的是（　　）。（2020年考题）

A. 油气开采项目原则上应当以区块为单位开展环评

B. 勘探井转为生产井的，可以纳入区块环评

C. 海洋油气勘探工程应当填报环境影响登记表

D. 编制油气开发相关专项规划，应当依法同步编制规划环境影响篇章和说明

4. 根据《建设项目环境影响报告书（表）编制监督管理办法》，下列关于建设项目环境影响报告书（表）编制主体的说法，错误的是（　　）。（2020年考题）

A. 建设单位不得编制本单位建设项目环境影响评价报告书（表）

B. 技术单位不得与负责审批环境影响报告书（表）的生态环境主管部门存在任何利益关系

C．任何单位和个人不得为建设单位指定编制环境影响报告书（表）的技术单位

D．技术单位不得与负责审批环境影响报告书（表）的其他有关审批部门存在任何利益关系

5．根据《建设项目环境影响报告书（表）编制监督管理办法》，下列建设项目环境影响评价报告书（表）质量问题情形中，不属于由市级以上生态环境主管部门对建设单位、技术单位和编制人员给予通报批评的是（　　）。（2020 年考题）

A．污染源源强核算方法错误的

B．未按相关规定提出环境保护措施的

C．环境影响因素分析不全或者错误的

D．遗漏自然保护区等环境保护目标的

6．根据《建设项目环境保护管理条例》，建设单位应当在（　　）将环境影响报告表报有审批权的生态环境主管部门审批。（2021 年考题）

A．取得立项文件后　B．开工建设前　C．开工建设的同时　D．项目建设完成后

7．根据《建设项目环境保护管理条例》，建设项目有（　　）情形的，生态环境主管部门应当对环境影响报告书做出不予批准的决定。（2021 年考题）

A．建设项目类型不符合园区规划

B．所在区域环境质量未达到国家或者地方环境质量标准

C．环境影响报告书内容存在错误

D．改扩建项目，未针对项目原有环境污染和生态破坏提出有效防治措施

8．根据《污染影响类建设项目重大变动清单（试行）》，下列（　　）属于重大变动。（2021 年考题）

A．生产能力增大 25%

B．位于达标区的建设项目生产能力增大，导致可吸入颗粒物排放量增加 5%

C．生产能力增大，导致废水第一类污染物排放量增加 10%以下

D．废水直接排放口位置变化

9．根据《关于做好环境影响评价制度与排污许可制衔接相关工作的通知》，下列关于分期建设项目申请排污许可证的说法，错误的是（　　）。（2021 年考题）

A．环境影响报告书应当列明分期建设内容

B．环境影响报告书应当明确分期实施后排放口数量、位置

C．环境影响报告书应当明确分期实施后与污染物排放相关的主要内容，建设单位可在全部建设完成后一次性申请排污许可证

D．分期实施的允许排放量之和不得高于建设项目的总允许排放量

10．根据《汽车整车制造建设项目环境影响评价文件审批原则（试行）》，下列说法中错误的是（　　）。（2021 年考题）

A. 原则上不再审批传统燃油汽车生产新设企业的项目

B. 大气污染防治重点区域内新建、扩建汽车项目，涂装工艺应采用水性涂料等低挥发性有机物含量涂料

C. 各燃烧类处理设施采用天然气等清洁能源作为燃料

D. 制定周边环境质量的自行监测计划，明确网点布设、监测因子、监测频次和信息公开要求

11. 根据《建设项目环境影响后评价管理办法（试行）》，下列建设项目运行过程中产生不符合经审批的环境影响报告书情形中，不属于应当开展环境影响后评价的是（　　）。（2021 年考题）

A. 实际环境影响程度和范围较大，且主要环境影响在项目建成运行一定时期后逐步显现的煤炭开采项目

B. 穿越自然保护区的铁路项目

C. 有重大环境风险，建设地点敏感，且持续排放重金属的有色金属冶炼项目

D. 建设地点敏感，且涉及高挥发性有机物排放的注塑项目

12. 根据《建设项目环境影响后评价管理办法（试行）》，建设项目环境影响后评价应当在（　　）开展。（2021 年考题）

A. 建设项目竣工环境保护验收完成，正式投入生产或者运营后

B. 建设项目正式投入生产或者运营后三年后，待其主要环境影响逐步显现时

C. 建设项目正式投入生产或者运营后三至五年内

D. 建设项目正式投入生产或者运营五年后，待其主要环境影响逐步显现时

13. 根据《建设项目环境影响报告书（表）编制监督管理办法》，下列单位中，可以作为技术单位主持编制环境影响报告书（表）的是（　　）。（2021 年考题）

A. 生态环境主管部门设立的事业单位

B. 由建设单位法定代表人出资的单位

C. 由生态环境主管部门作为业务主管单位的社会组织出资的单位

D. 个体工商户

14. 根据《建设项目环境影响报告书（表）编制监督管理办法》，下列环境影响报告书（表）存在的问题中，（　　）属于严重质量问题。（2021 年考题）

A. 降低环境影响评价标准的

B. 遗漏环境保护目标的

C. 环境影响预测与评价结果错误的

D. 缩小环境影响评价范围，致使环境影响评价结论不合理的

15. 根据《建设项目环境影响报告书（表）编制监督管理办法》，下列情形中不属于环境影响评价信用管理对象的失信行为的是（　　）。（2021 年考题）

A．编制人员信息发生变化，未在二十个工作日内在信用平台变更的

B．未进行环境影响评价质量控制的

C．环境影响报告表的主要编制人员为编制单位的临聘人员的

D．环境影响报告书主要编制人员未取得环境影响评价工程师职业资格证书的

16．根据《建设项目环境影响报告书（表）编制单位和编制人员信息公开管理规定（试行）》，下列不属于编制主持人基本情况信息的是（　　）。（2021 年考题）

A．身份证件类型及号码　　B．登记行业类别

C．全职情况材料　　D．环境影响评价工程师职业资格证书取得时间

17．根据《污染影响类建设项目重大变动清单（试行）》，下列情形中，属于重大变动的是（　　）。（2022 年考题）

A．卫生防护距离范围变化的

B．环境防护距离范围变化的

C．废水第一类污染物排放量增加的

D．废气无组织排放改为有组织排放的

18．根据《关于进一步加强涉及自然保护区开发建设活动监督管理的通知》，下列关于自然保护区建设项目的监督管理的说法，错误的是（　　）。（2022 年考题）

A．禁止在自然保护区缓冲区开展任何开发建设活动

B．禁止在自然保护区核心区建设任何生产经营设施

C．应关停实验区内的生产经营设施，并实施生态恢复

D．应关停核心区和缓冲区内违法开展的水电开发活动，限期拆除，并实施生态恢复

19．根据《关于做好生物多样性保护优先区域有关工作的通知》，生物多样性保护优先区域监管要求不包括（　　）。（2022 年考题）

A．新增项目选址须避开生态敏感区及野生动物觅食地、栖息地

B．将生物多样性影响评价作为新增项目环境影响评价的重要内容

C．“一区一策”须做到区域内自然生态系统功能不下降，生物资源不减少

D．应对建设项目生态保护和风险防范措施的有效性进行跟踪监测和验证评价

20．根据《关于进一步加强水生生物资源保护　严格环境影响评价管理的通知》，涉及国家级水产种质资源保护区的开发建设项目，应开展的工作不包括（　　）。（2022 年考题）

A．开展生物多样性影响专题论证

B．重点论证建设项目优化布局方案

C．重点论证建设项目对保护区功能的影响

D．开展水产种质资源保护区影响专题论证

21．根据《关于加强高耗能、高排放建设项目生态环境源头防控的指导意见》，提升清洁生产和污染防治水平的要求不包括（　　）。（2022 年考题）

A．新建“两高”项目应采用先进适用的工艺技术和装备

B．鼓励重点区域高炉—转炉长流程钢铁企业转型为电炉短流程企业

C．鼓励使用清洁燃料，重点区域建设项目原则上不新建燃煤自备锅炉

D．重点区域内新建耗煤项目还应严格按规定采取煤炭消费减量替代措施

22．根据《建设项目环境保护管理条例》，审批环境影响报告书时应重点审查的内容不包括（　　）。（2022 年考题）

A．建设项目的环境可行性

B．生产工艺设备的先进可靠性

C．环境保护措施的有效性

D．环境影响评价结论的科学性

23．根据《关于加强“未批先建”建设项目环境影响评价管理工作的通知》，“未批先建”的情形不包括（　　）。（2022 年考题）

A．未依法编制建设项目环境影响报告书（表），开工建设的

B．建设项目环境影响报告书（表）未经审批，开工建设的

C．生态环境部门对建设项目环境影响报告书（表）拟批准公示期间，开工建设的

D．批复的建设项目环境影响报告书（表）技术复核出现质量问题，开工建设的

24．根据《建设项目环境影响后评价管理办法（试行）》，下列需要开展环境影响后评价的建设项目不包括（　　）。（2022 年考题）

A．穿越重要生态敏感区的高速公路项目

B．穿越重要生态敏感区的石油管线项目

C．审批部门认为应开展环境影响后评价的建设项目

D．评估部门认为应开展环境影响后评价的建设项目

25．根据《建设项目环境影响报告书（表）编制监督管理方法》，下列单位中，属于可以作为建设项目环境影响报告书（表）编制单位的是（　　）。（2022 年考题）

A．由建设单位出资成立的单位

B．由生态环境评估部门作为主管单位的社会组织

C．由生态环境部门作为业务主管单位的社会组织

D．由行政审批部门作为业务主管单位的社会组织

26．根据《建设项目环境影响报告书（表）编制监督管理办法》，建设项目环境影响报告书存在的质量问题，仅给予通报批评的是（　　）。（2022 年考题）

A．遗漏饮用水水源保护区的

B．污染源强核算方法错误的

C．项目生产工艺描述不全的

D．编造环境要素现状内容的

27．根据《建设项目环境影响登记表备案管理办法》，同城市多区连锁经营，环境影响登记表备案（　　）。（2023 年考题）

A．向所在地市级生态环境主管部门备案

B．分别向各建设地点所在地区级生态环境主管部门审批，向市级生态环境主管部门备案

C．分别向各建设地点所在地区级生态环境主管部门备案

D．分别向建设地点所在地区级及市级生态环境主管部门备案

28．根据《建设项目环境保护管理条例》，下列关于审批环境影响报告书时应重点审查的内容，错误的是（　　）。（2023 年考题）

A．相关规划的协调性

B．建设项目的环境可行性

C．环境保护措施的有效性

D．环境影响分析预测评估的可靠性

29．根据《环境影响评价公众参与办法》，公众质疑性意见主要集中在环境影响评价相关专业技术方法的，建设单位应当组织召开（　　）。（2023 年考题）

A．建设单位应当组织召开公众座谈会

B．环评单位应当组织召开公众听证会

C．建设单位应当组织召开专家论证会

D．环评单位应当组织召开专家论证会

30．根据《关于加强高耗能、高排放建设项目生态环境源头防控的指导意见》，下列关于严把建设项目环境准入关的说法，错误的是（　　）。（2023 年考题）

A．石化、现代煤化工项目应纳入国家产业规划

B．新建石化、化工项目应布设在依法合规设立并经规划环评的产业园区

C．各级生态环境部门和行政审批部门对不符合相关法律法规的，依法不予审批

D．国家大气污染防治重点区域内新建耗煤项目应采取煤炭消费等量替代措施

31．根据《建设项目环境保护管理条例》，下列情形作出不予批准决定的是（　　）。（2023 年考题）

A．环境影响评价结论不合理

B．建设项目采取的污染防治措施确保污染物排放达到国家和地方排放标准，且采取必要措施预防和控制生态破坏

C．所在区域环境质量未达到国家或者地方环境质量标准，但建设项目拟采取的措施可满足区域环境质量改善目标管理要求

D．建设项目类型及其选址、布局、规模等符合环境保护法律法规和相关法定规划

32．某在建港口拟实施进港公路改建工程，根据《建设项目环境影响评价分类管理名录（2021 年版）》，下列关于该项目环境影响评价分类管理的做法，正确的是（　　）。（2024 年考题）

A．按公路工程确定

B．按港口工程确定

C．按港口建设项目重大变动清单确定

D．按公路与港口工程中最高等级确定

33．根据《建设项目环境影响报告表编制技术指南（污染影响类）（试行）》，下列关于用地（用海）面积填写要求的说法，错误的是（　　）。（2024 年考题）

A．改建项目，以全厂总占地面积计算

B．海洋工程以建设项目占用海域面积计算

C．租用厂房，以实际租赁面积计算

D．以使用的土地水平投影面积计算

34．根据《建设项目环境影响报告表编制技术指南（生态影响类）（试行）》，应当设置环境风险专项的建设项目是（　　）。（2024 年考题）

A．石油和天然气开采项目

B．城镇天然气管线建设项目

C．涉及挥发性有机物料的通用码头

D．企业厂区内危险化学品输送管线

35．某建设项目在其环境影响报告表批准后第 6 年方决定开工建设，根据《建设项目环境保护管理条例》，下列关于该项目环境影响报告表管理的要求，正确的是（　　）。（2024 年考题）

A．应当报原审批部门登记备案

B．应当报原审批部门重新审核

C．应当报现行审批权限部门重新审批

D．应当报现行审批权限部门重新审核

36．某建设项目环境影响报告书已通过审批，拟变动环境保护措施，根据《污染影响类建设项目重大变动清单（试行）》，下列情形中，属于重大变动的是（　　）。（2024 年考题）

A．废气中铬酸雾排放量增加 5%

B．废气中氯化氢排放量增加 5%

C．废水中化学需氧量排放量增加 5%

D．废水中第一类污染物排放量增加 5%

37．根据《关于进一步加强石油天然气行业环境影响评价管理的通知》，下列关于石油天然气行业建设项目环评管理有关要求的说法，错误的是（　　）。（2024 年考题）

A．油气开采项目原则上应以区块为单位开展环评

B．新区块确定产能规模后，不得开展单井环评

C．高含硫天然气净化厂应当采用先进高效硫磺回收工艺

D．陆地油气长输管道项目，原则上应当单独编制环评文件

38．根据《关于加强高耗能、高排放建设项目生态环境源头防控的指导意见》，下列关于提升清洁生产和污染防治水平要求的说法，错误的是（　　）。（2024 年考题）

A．大宗物料优先采用铁路、管道或水路运输

B．鼓励使用清洁燃料，不再新建燃煤自备锅炉

C．鼓励重点区域高炉—转炉长流程钢铁企业转型为电炉短流程企业

D．新建“两高”项目的单位产品物耗、能耗、水耗等应达到清洁生产先进水平

39．根据《钢铁/焦化建设项目环境影响评价文件审批原则》，下列关于审批钢铁/焦化建设项目环境影响评价文件有关要求的说法，正确的是（　　）。（2024 年考题）

A．禁止在合规园区外新建、扩建钢铁冶炼项目

B．独立焦化企业新建焦炉须同步配套建设干熄焦装置

C．新建炼钢项目大宗固废应依托区域综合利用设施处置

D．新建、扩建焦化项目应布设在依法合规设立的产业园区

40．根据《建设项目环境影响后评价管理办法（试行）》，下列（　　）不属于建设项目环境影响后评价文件应当包括的内容。（2024 年考题）

A．区域环境变化评价　　B．环境影响预测验证

C．环境保护补救方案　　D．环境影响经济损益分析

41．根据《建设项目环境影响报告书（表）编制监督管理办法》，可以作为建设项目环境影响报告书（表）编制单位的是（　　）。（2024 年考题）

A．个体工商户

B．生态环境主管部门设立的事业单位

C．具备环境影响评价技术能力的建设单位

D．受审批部门委托开展环境影响报告书（表）评估的单位

42．根据《关于严惩弄虚作假提高环评质量的意见》，下列（　　）不属于环评领域典型弄虚作假行为。（2024 年考题）

A．隐瞒工程建设内容的

B．预测参数取值错误的

C．编造地表水环境影响预测结果的

D．污染物排放及达标情况明显不属于本项目的

43．根据《建设项目竣工环境保护验收暂行办法》，建设单位不得提出竣工环境保护验收合格意见的情形是（　　）。（2024 年考题）

A．建设项目造成生态破坏未完全恢复的

B．竣工环境保护验收报告内容存在缺项的

C．环境保护设施不能与主体工程同时投产或者使用的

D．因违反环境保护法律法规受到处罚，被责令改正，尚未改正完成的

二、不定项选择题

1．根据《建设项目危险废物环境影响评价指南》，下列（　　）属于危险废物贮存场所（设施）环境影响分析应当包括的内容。（2020 年考题）

A．危险废物贮存场选址的可行性

B．危险废物贮存场所环境风险评价

C．危险废物贮存场所（设施）的能力是否满足要求

D．危险废物贮存过程中对环境空气、地表水、地下水、土壤以及环境敏感保护目标可能造成的影响

2．根据《建设项目环境影响后评价管理办法（试行）》，下列建设项目运行过程中产生不符合经审批的环境影响报告书的情形中，属于应当开展环境影响后评价的有（　　）。（2020 年考题）

A．位于城市近郊的医药项目　　B．穿越自然保护区的高速公路项目

C．位于某港口的石化项目　　D．主要环境影响逐步显现的铅冶炼项目

3．根据《建设项目环境影响报告书（表）编制监督管理办法》，下列关于编制单位和编制人员信息公开的说法，错误的有（　　）。（2020 年考题）

A．编制人员信用编号由编制单位根据单位信息生成，在信用平台发布

B．编制单位和编制人员应当对提交信息的真实性、准确性和完整性负责

C．编制单位和编制人员应当通过信用平台提交本单位和本人的基本情况信息

D．编制单位相关信息发生变化的，应当自发生变化之日起三十个工作日内在信用平台变更

4．根据《建设项目环境影响评价分类管理名录（2021 年版）》，下列属于名

录所称环境敏感区的有（　　）。（2021年考题）

A．依法设立的各级各类保护区域　B．对建设项目产生的环境影响特别敏感的区域

C．饮用水水源准保护区　D．水生生物的自然产卵场、索饵场、越冬场

5．根据《污染影响类建设项目重大变动清单（试行）》，下列不属于重大变动的情形有（　　）。（2021年考题）

A．废水间接排放口位置发生变化

B．废气无组织排放改为有组织排放

C．生产能力增大10%，导致间接排放的废水中第一类污染物排放量增加5%

D．调整总平面布置，导致环境防护距离增大，但未新增敏感点

6．根据《关于进一步加强石油天然气行业环境影响评价管理的通知》，下列说法中，正确的有（　　）。（2021年考题）

A．油气开采项目原则上应当以区块为单位开展环评

B．编制油气开发相关专项规划，应当依法同步编制规划环境影响报告书

C．各级生态环境主管部门在审批区块环评时，应首先征求行业主管部门的意见

D．陆地油气长输管道项目，原则上应当单独编制环评文件

7．根据《建设项目环境保护管理条例》，生态环境主管部门审批环境影响报告书、环境影响报告表，应当重点审查（　　）。（2021年考题）

A．环境保护措施的有效性　B．环境质量现状的真实性

C．环境影响评价结论的科学性　D．环境影响分析预测评估的可靠性

8．根据《中华人民共和国环境影响评价法》，建设项目环境影响报告书存在基础资料明显不实，内容存在重大缺陷、遗漏或者虚假，环境影响评价结论不正确或者不合理等严重质量问题的，设区的市级以上人民政府生态环境主管部门可采取的处罚有（　　）。（2021年考题）

A．对建设单位处五十万元以上二百万元以下的罚款

B．对报告书编制技术单位处所收费用五倍以上十倍以下的罚款

C．对建设单位的法定代表人处五万元以上二十万元以下的罚款

D．对报告书编制技术单位法定代表人处五万元以上二十万元以下的罚款

9．根据《建设项目环境影响评价分类管理名录（2021年版）》，下列关于建设项目环境影响评价分类管理的说法，错误的有（　　）。（2022年考题）

A．名录未作规定的建设项目不纳入环境影响评价管理

B．名录未作规定的项目纳入环境影响评价登记管理

C．名录未作规定的项目纳入环境影响报告表管理

D．名录未作规定的项目纳入环境影响评价告知承诺制管理

10．根据《建设项目环境影响报告表编制技术指南（污染影响类）（试行）》，

下列关于专项评价的说法，正确的有（　　）。（2022 年考题）

A．土壤、声、电磁辐射和海洋环境不开展专项评价

B．涉及特殊地下水资源保护区的应开展地下水专项评价

C．开展专项评价应按照环境影响评价相关技术导则进行

D．专项评价类别根据建设项目排污情况及所涉及环境敏感程度确定

11．某建设项目分两期建设，其环境影响评价文件经批准后，三年内一期项目建成投产，六年后，建设单位准备启动二期项目建设。根据《中华人民共和国环境影响评价法》，下列关于该建设项目履行相关环保手续的说法，错误的有（　　）。（2022 年考题）

A．建设单位应重新报批该建设项目的环境影响评价文件

B．建设单位不需要重新报批该建设项目的环境影响评价文件，可直接建设

C．建设单位应将环境影响评价文件报原审批部门重新审核

D．建设单位应将环境影响评价文件报原评估部门重新评估

12．根据《关于做好"三磷"建设项目环境影响评价与排污许可管理工作的通知》，下列关于"三磷"建设项目环境影响评价管理的说法，正确的有（　　）。（2022 年考题）

A．"三磷"建设项目选址应避开岩溶强发育、存在较多落水洞或岩溶漏斗的区域

B．长江干流及主要支流岸线 1 公里范围内禁止新建磷矿项目

C．建设项目所在水环境控制单元或断面总磷超标的，实施总磷排放量等量削减替代

D．扩建磷化工项目应布设在依法合规设立的化工园区或具有化工定位的产业园区内

13．根据《制药建设项目环境影响评价文件审批原则（试行）》，制药建设项目环境影响评价文件审批原则的要求包括（　　）。（2022 年考题）

A．含有药物活性成分废水应进行灭活预处理

B．含有药物活性成分污泥须进行灭活预处理

C．植物提取残渣应按一般工业固体废物处置

D．关注制药行业特征污染物的累积环境影响

14．某技术单位在编制建设项目环境影响报告书时，隐瞒项目选址位于自然保护区的事实，编制的环境影响报告书存在严重质量问题，经认定技术单位故意提供虚假证明文件，情节严重，构成犯罪。根据《中华人民共和国环境影响评价法》，该行为应受到的处罚有（　　）。（2022 年考题）

A．对建设单位处五十万元以上二百万元以下的罚款

B．对技术单位处所收费用三倍以上五倍以下的罚款

C．对编制主持人处五年以上十年以下的有期徒刑，并处罚金

D．对建设单位法定代表人处五万以上二十万以下的罚款

15．根据《建设项目环境影响评价分类管理名录（2021年版）》，环境敏感区包括（　　）。（2023年考题）

A．文物保护单位　　B．野生动物栖息地

C．世界文化和自然遗产地　　D．生态保护红线管控范围

16．《建设项目环境影响评价分类管理名录（2021年版）》所称环境敏感区包括（　　）。（2024年考题）

A．天然湿地　　B．天然渔场

C．自然公园　　D．海洋特别保护区

17．根据《建设项目环境保护管理条例》和《建设项目环境影响登记表备案管理办法》，关于建设项目环境影响评价文件报批（备案）有关规定的说法，错误的有（　　）。（2024年考题）

A．建设项目在开工建设前报批环境影响报告书

B．建设单位应当在建成并投入生产运营前，报批环境影响报告表

C．建设单位应当在开工建设前，在线填报并提交环境影响登记表

D．建设项目建成并投入生产运营前，在线填报并提交环境影响登记表

18．根据《建设项目环境保护管理条例》，生态环境主管部门作出不予批准建设项目环境影响报告书（表）决定的情形包括（　　）。（2024年考题）

A．建设项目选址不符合相关法定规划的

B．未采取必要措施预防和控制生态破坏的

C．环评文件中基础资料数据不符合时效要求的

D．所在区域环境质量未达到国家环境质量标准的

参考答案

一、单项选择题

1．C　【解析】《建设项目环境影响登记表备案管理办法》第六条：“建设项目的建设地点涉及多个县级行政区域的，建设单位应当分别向各建设地点所在地的县级环境保护主管部门备案。”

2．D　【解析】D的正确说法为：分期实施的允许排放量之和不得高于建设项目的总允许排放量。

3．D　【解析】D的正确说法为：编制油气开发相关专项规划，应当依法同步编制规划环境影响报告书。

4．A　【解析】A的正确说法为：建设单位具备环境影响评价技术能力的，可

以自行对其建设项目开展环境影响评价，编制环境影响报告书（表）。

5．D 【解析】D 是需要进行处罚的情形。

6．B 【解析】《建设项目环境保护管理条例》第九条："依法应当编制环境影响报告书、环境影响报告表的建设项目，建设单位应当在开工建设前将环境影响报告书、环境影响报告表报有审批权的环境保护行政主管部门审批。"

7．D 【解析】注意 A、C 选项都不在《建设项目环境保护管理条例》第十一条规定范围内，B 选项的正确说法是："所在区域环境质量未达到国家或者地方环境质量标准，且建设项目拟采取的措施不能满足区域环境质量改善目标管理要求。"

8．C 【解析】《污染影响类建设项目重大变动清单（试行）》："2. 生产、处置或储存能力增大 30%及以上的。""4. ……位于达标区的建设项目生产、处置或储存能力增大，导致污染物排放量增加 10%及以上的。""3. 生产、处置或储存能力增大，导致废水第一类污染物排放量增加的。""9. ……废水直接排放口位置变化，导致不利环境影响加重的。"

9．C 【解析】《关于做好环境影响评价制度与排污许可制衔接相关工作的通知》："四、分期建设的项目，环境影响报告书（表）以及审批文件应当列明分期建设内容，明确分期实施后排放口数量、位置以及每个排放口的污染物种类、允许排放浓度和允许排放量、排放方式、排放去向、自行监测计划等与污染物排放相关的主要内容，建设单位应据此分期申请排污许可证。"注意应分期申请。

10．B 【解析】《汽车整车制造建设项目环境影响评价文件审批原则（试行）》中 B 选项的正确说法是："大气污染防治重点区域内新建、扩建汽车项目，水性涂料等低挥发性有机物含量涂料占总涂料使用量比例不低于 80%。"

11．D 【解析】D 选项不在《建设项目环境影响后评价管理办法（试行）》第三条规定的范围内。

12．C 【解析】《建设项目环境影响后评价管理办法（试行）》第八条："建设项目环境影响后评价应当在建设项目正式投入生产或者运营后三至五年内开展。"

13．B 【解析】A、C 均属于《建设项目环境影响报告书（表）编制监督管理办法》第九条中规定的不得作为技术单位编制环境影响报告书（表），D 属于第九条中规定的不得主持编制环境影响报告书（表）。

14．D 【解析】《建设项目环境影响报告书（表）编制监督管理办法》第二十六条："有前款规定的情形，致使环境影响评价结论不正确、不合理或者同时有本办法第二十七条规定情形的，依照本办法第二十七条的规定予以处罚。"

15．D 【解析】《建设项目环境影响报告书（表）编制监督管理办法》第十条："环境影响报告书（表）的编制主持人和主要编制人员应当为编制单位中的全职人员，环境影响报告书（表）的编制主持人还应当为取得环境影响评价工程师职业资格证书的人员。”不要求主要编制人员取得环境影响评价工程师职业资格证书。

16．B 【解析】《建设项目环境影响报告书（表）编制单位和编制人员信息公开管理规定（试行）》中没有行业类别的说法。

17．C 【解析】《污染影响类建设项目重大变动清单（试行）》中“5. 重新选址：在原厂址附近调整（包括总平面布置变化）导致环境防护距离范围变化且新增敏感点的。”“6. 新增产品品种或生产工艺（含主要生产装置、设备及配套设施）、主要原辅材料、燃料变化，导致以下情形之一：（1）新增排放污染物种类的（毒性、挥发性降低的除外）；（2）位于环境质量不达标区的建设项目相应污染物排放量增加的；（3）废水第一类污染物排放量增加的；（4）其他污染物排放量增加 10%及以上的。”“10. 新增废气主要排放口（废气无组织排放改为有组织排放的除外）”属于重大变动。

18．C 【解析】《关于进一步加强涉及自然保护区开发建设活动监督管理 的通知》中“二、严格执行有关法律法规。自然保护区属于禁止开发区域，严禁在自然保护区内开展不符合功能定位的开发建设活动。地方各有关部门要严格执行《自然保护区条例》等相关法律法规，禁止在自然保护区核心区、缓冲区开展任何开发建设活动，建设任何生产经营设施；在实验区不得建设污染环境、破坏自然资源或自然景观的生产设施。”“四、坚决整治各种违法开发建设活动。对在核心区和缓冲区内违法开展的水（风）电开发、房地产、旅游开发等活动，要立即予以关停或关闭，限期拆除，并实施生态恢复”。

19．A 【解析】A 的正确说法为：新增项目选址要尽可能避开生态敏感区及重要物种栖息地。

20．A 【解析】《关于进一步加强水生生物资源保护严格环境影响评价管理的通知》“三、涉及水生生物自然保护区或水产种质资源保护区的建设项目，应严格执行下列要求：……（三）水产种质资源保护区影响专题论证的重点是种质资源保护区主要物种资源和功能分区等情况，建设项目对保护区功能影响及建设项目优化布局方案，拟采取的避让、减缓、补救和生态补偿措施等”。

21．D 【解析】《关于加强高耗能、高排放建设项目生态环境源头防控的指导意见》“三、推进‘两高’行业减污降碳协同控制（六）提升清洁生产和污染防治水平。新建、扩建‘两高’项目应采用先进适用的工艺技术和装备，单位产品物耗、能耗、水耗等达到清洁生产先进水平，依法制定并严格落实防治土壤与地下水污染的措施。国家或地方已出台超低排放要求的‘两高’行业建设项目应满足超低排放要求。鼓励使用清洁燃料，重点区域建设项目原则上不新建燃煤自备锅炉。鼓励重点区域高炉—转炉长流程钢铁企业转型为电炉短流程企业。大宗物料优先采用铁路、管道或水路运输，短途接驳优先使用新能源车辆运输。”选项 D 属于（四）

落实区域削减的要求内容。

22. B 【解析】《建设项目环境保护管理条例》第九条："环境保护行政主管部门审批环境影响报告书、环境影响报告表，应当重点审查建设项目的环境可行性、环境影响分析预测评估的可靠性、环境保护措施的有效性、环境影响评价结论的科学性等"。

23. D 【解析】《关于加强"未批先建"建设项目环境影响评价管理工作的通知》"一、'未批先建'违法行为是指，建设单位未依法报批建设项目环境影响报告书（表），或者未按照《中华人民共和国环境影响评价法》第二十四条的规定重新报批或者重新审核环境影响报告书（表），擅自开工建设的违法行为，以及建设项目环境影响报告书（表）未经批准或者未经原审批部门重新审核同意，建设单位擅自开工建设的违法行为。"

24. D 【解析】《建设项目环境影响后评价管理办法（试行）》第三条："下列建设项目运行过程中产生不符合经审批的环境影响报告书情形的，应当开展环境影响后评价：（一）水利、水电、采掘、港口、铁路行业中实际环境影响程度和范围较大，且主要环境影响在项目建成运行一定时期后逐步显现的建设项目，以及其他行业中穿越重要生态环境敏感区的建设项目；（二）冶金、石化和化工行业中有重大环境风险，建设地点敏感，且持续排放重金属或者持久性有机污染物的建设项目；（三）审批环境影响报告书的环境保护主管部门认为应当开展环境影响后评价的其他建设项目。"

25. A 【解析】《建设项目环境影响报告书（表）编制监督管理方法》第二条："建设单位可以委托技术单位对其建设项目开展环境影响评价，编制环境影响报告书（表）；建设单位具备环境影响评价技术能力的，可以自行对其建设项目开展环境影响评价，编制环境影响报告书（表）。技术单位不得与负责审批环境影响报告书（表）的生态环境主管部门或者其他有关审批部门存在任何利益关系。任何单位和个人不得为建设单位指定编制环境影响报告书（表）的技术单位"。

26. B 【解析】根据《建设项目环境影响报告书（表）编制监督管理办法》第二十六、二十七条，选项 B 仅需要对建设单位及其相关人员、技术单位、编制人员通报批评；选项 ACD 需要对建设单位及其相关人员、技术单位、编制人员通报批评和处罚。

27. C 【解析】《建设项目环境影响登记表备案管理办法》第六条："建设项目的建设地点涉及多个县级行政区域的，建设单位应当分别向各建设地点所在地的县级环境保护主管部门备案。"

28. A 【解析】《建设项目环境保护管理条例》第九条："环境保护行政主管部门审批环境影响报告书、环境影响报告表，应当重点审查建设项目的环境可行性、环境影响分析预测评估的可靠性、环境保护措施的有效性、环境影响评价结论的科学性等”。

29. C 【解析】《环境影响评价公众参与办法》第十四条：“对环境影响方面公众质疑性意见多的建设项目，建设单位应当按照下列方式组织开展深度公众参与：（一）公众质疑性意见主要集中在环境影响预测结论、环境保护措施或者环境风险防范措施等方面的，建设单位应当组织召开公众座谈会或者听证会。座谈会或者听证会应当邀请在环境方面可能受建设项目影响的公众代表参加。（二）公众质疑性意见主要集中在环境影响评价相关专业技术方法、导则、理论等方面的，建设单位应当组织召开专家论证会。专家论证会应当邀请相关领域专家参加，并邀请在环境方面可能受建设项目影响的公众代表列席”。

30. D 【解析】《关于加强高耗能、高排放建设项目生态环境源头防控的指导意见》：“（三）严把建设项目环境准入关。新建、改建、扩建‘两高’项目须符合生态环境保护法律法规和相关法定规划，满足重点污染物排放总量控制、碳排放达峰目标、生态环境准入清单、相关规划环评和相应行业建设项目环境准入条件、环评文件审批原则要求。石化、现代煤化工项目应纳入国家产业规划。新建、扩建石化、化工、焦化、有色金属冶炼、平板玻璃项目应布设在依法合规设立并经规划环评的产业园区。各级生态环境部门和行政审批部门要严格把关，对于不符合相关法律法规的，依法不予审批。”国家大气污染防治重点区域（以下称重点区域）内新建耗煤项目还应严格按规定采取煤炭消费减量替代措施是第（四）条落实区域削减要求的内容。

31. A 【解析】《建设项目环境保护管理条例》第十一条：“建设项目有下列情形之一的，环境保护行政主管部门应当对环境影响报告书、环境影响报告表作出不予批准的决定：（一）建设项目类型及其选址、布局、规模等不符合环境保护法律法规和相关法定规划；（二）所在区域环境质量未达到国家或者地方环境质量标准，且建设项目拟采取的措施不能满足区域环境质量改善目标管理要求；（三）建设项目采取的污染防治措施无法确保污染物排放达到国家和地方排放标准，或者未采取必要措施预防和控制生态破坏；（四）改建、扩建和技术改造项目，未针对项目原有环境污染和生态破坏提出有效防治措施；（五）建设项目的环境影响报告书、环境影响报告表的基础资料数据明显不实，内容存在重大缺陷、遗漏，或者环境影响评价结论不明确、不合理。”

32. A 【解析】本项目是公路项目，与在建港口环评类别无关。

33. A 【解析】《建设项目环境影响评价报告表编制技术指南（污染影响类）（试行）》用地（用海）面积（m^2）：“指建设项目所占有或使用的土地水平投影面积。租用建筑物的建设项目填写实际租用面积。海洋工程填写占用的海域面积。改建、扩建工程填写新增用地面积。”

34. A 【解析】《建设项目环境影响报告表编制技术指南（生态影响类）（试行）》环境风险专项：石油和天然气开采：全部；油气、液体化工码头：全部；原油、成品油、天然气管线（不含城镇天然气管线、企业厂区内管线），危险化学品输送管线（不含企业厂区内管线）：全部。

35. B 【解析】《建设项目环境保护管理条例》第十二条：“建设项目环境影响报告书、环境影响报告表自批准之日起满 5 年，建设项目方开工建设的，其环境影响报告书、环境影响报告表应当报原审批部门重新审核。”

36. D 【解析】根据《污染影响类建设项目重大变动清单（试行）》，包括以下情形：（1）新增排放污染物种类的（毒性、挥发性降低的除外）；（2）位于环境质量不达标区的建设项目相应污染物排放量增加的；（3）废水第一类污染物排放量增加的；（4）其他污染物排放量增加 10%及以上的。

废气、废水污染防治措施变化，导致上述所列情形之一（废气无组织排放改为有组织排放、污染防治措施强化或改进的除外）或大气污染物无组织排放量增加 10%及以上的。

37. B 【解析】根据《关于进一步加强石油天然气行业环境影响评价管理的通知》，“确定产能建设规模后，原则上不得以勘探名义继续开展单井环评。勘探井转为生产井的，可以纳入区块环评。自 2021 年 1 月 1 日起，原则上不以单井形式开展环评。”B 选项缺少了“原则上”及相应的描述，不够准确，其他 3 个选项均为原文。

38. B 【解析】根据《关于加强高耗能、高排放建设项目生态环境源头防控的指导意见》，“鼓励使用清洁燃料，重点区域建设项目原则上不新建燃煤自备锅炉。”B 选项描述不准确。

39. D 【解析】根据《钢铁/焦化建设项目环境影响评价文件审批原则》第三条：“项目选址应符合生态环境分区管控要求，不得位于法律法规明令禁止建设的区域，应避开生态保护红线。新建、扩建焦化项目应布设在依法合规设立的产业园区，并符合规划及规划环境影响评价要求。长江经济带区域内沿黄重点地区禁止在合规园区外新建、扩建钢铁冶炼项目。”

“第四条 钢铁联合企业新建焦炉须同步配套建设干熄焦装置，鼓励独立焦化企业新建焦炉同步配套建设干熄焦装置。”

“第九条 鼓励新建炼铁炼钢项目水渣、钢渣、含铁尘泥等大宗固废在厂区内建设综合利用设施处置。”

40. D 【解析】《建设项目环境影响后评价管理办法（试行）》第七条：“建设项目环境影响后评价文件应当包括以下内容：（一）建设项目过程回顾。包括环境影响评价、环境保护措施落实、环境保护设施竣工验收、环境监测情况，以及公众意见收集调查情况等。（二）建设项目工程评价。包括项目地点、规模、生产工艺或者运行调度方式，环境污染或者生态影响的来源、影响方式、程度和范围等。（三）区域环境变化评价。包括建设项目周围区域环境敏感目标变化、污染源或者其他影响源变化、环境质量现状和变化趋势分析等。（四）环境保护措施有效性评估。包括环境影响报告书规定的污染防治、生态保护和风险防范措施是否适用、有效，能否达到国家或者地方相关法律、法规、标准的要求等。（五）环境影响预测验证。包括主要环境要素的预测影响与实际影响差异，原环境影响报告书内容和结论有无重大漏项或者明显错误，持久性、累积性和不确定性环境影响的表现等。（六）环境保护补救方案和改进措施。（七）环境影响后评价结论。”

41．C 【解析】《建设项目环境影响报告书（表）编制监督管理方法》第二条：“建设单位可以委托技术单位对其建设项目开展环境影响评价，编制环境影响报告书（表）；建设单位具备环境影响评价技术能力的，可以自行对其建设项目开展环境影响评价，编制环境影响报告书（表）。”第九条：“前款规定的单位中，下列单位不得作为技术单位编制环境影响报告书（表）：（一）生态环境主管部门或者其他负责审批环境影响报告书（表）的审批部门设立的事业单位；（四）受生态环境主管部门或者其他负责审批环境影响报告书（表）的审批部门委托，开展环境影响报告书（表）技术评估的单位。个体工商户、农村承包经营户以及本条第一款规定单位的内设机构、分支机构或者临时机构，不得主持编制环境影响报告书（表）”。

42．B 【解析】根据《关于严惩弄虚作假提高环评质量的意见》，文件规定有：“预测评价结果明显不属于本项目或规划的；未开展相关环境要素现状调查与评价、相关环境要素或者环境风险预测与评价的；编造相关环境要素或环境风险等现状调查、预测、评价内容或结果的。”B 选项参数取值错误属于质量问题，但不属于典型弄虚作假行为。

43．C 【解析】A 的正确描述应为“造成重大生态破坏未恢复的”；B 的正确描述应为“验收报告内容存在重大缺项的”；D 的正确描述应为“建设单位因该建设项目违反国家和地方环境保护法律法规受到处罚，被责令改正，尚未改正完成的”。

二、不定项选择题

1．ACD 【解析】环境风险评价是环境影响评价技术要求之一，不在环境影响分析内容之列。

2．B 【解析】《建设项目环境影响后评价管理办法（试行）》第三条：“下列建设项目运行过程中产生不符合经审批的环境影响报告书情形的，应当开展环境影响后评价：（一）水利、水电、采掘、港口、铁路行业中实际环境影响程度和范围较大，且主要环境影响在项目建成运行一定时期后逐步显现的建设项目，以及其他行业中穿越重要生态环境敏感区的建设项目；（二）冶金、石化和化工行业中有重大环境风险，建设地点敏感，且持续排放重金属或者持久性有机污染物的建设项目。”

3. AD 【解析】A 的正确说法是：“生态环境部在信用平台建立编制单位和编制人员的诚信档案，并生成编制人员信用编号；”D 的正确说法是：“相关信息发生变化的，应当自发生变化之日起二十个工作日内在信用平台变更。”

4. AB 【解析】《建设项目环境影响评价分类管理名录（2021 年版）》第三条：“本名录所称环境敏感区是指依法设立的各级各类保护区域和对建设项目产生的环境影响特别敏感的区域”。C 选项饮用水水源准保护区不属于饮用水水源保护区。D 选项应前面加“重要”两个字。

5. ABD 【解析】生产、处置或储存能力增大，导致废水第一类污染物排放量增加的，属于该文件规定的重大变动。

6. ABD 【解析】C 选项的正确说法是：“各级生态环境主管部门在审批区块环评时，不得违规设置或保留水土保持、规划选址用地（用海）预审、行业或下级生态环境主管部门预审等前置条件。”

7. ACD 【解析】第九条：“环境保护行政主管部门审批环境影响报告书、环境影响报告表，应当重点审查建设项目的环境可行性、环境影响分析预测评估的可靠性、环境保护措施的有效性、环境影响评价结论的科学性等。”

8. AC 【解析】第三十二条：“对技术单位处所收费用三倍以上五倍以下的罚款。”没有对技术单位法定代表人的处罚条款。

9. BCD 【解析】根据《建设项目环境影响评价分类管理名录（2021 年版）》，名录未做规定的建设项目，不纳入建设项目环境影响评价管理。

10. BCD 【解析】根据《建设项目环境影响报告表编制技术指南（污染影响类）（试行）》，建设项目产生的环境影响需要深入论证的，应按照环境影响评价相关技术导则开展专项评价工作；根据建设项目排污情况及所涉环境敏感程度，确定专项评价的类别；大气、地表水、环境风险、生态和海洋专项评价具体设置原则见表 1；土壤、声环境不开展专项评价；地下水原则上不开展专项评价，涉及集中式饮用水水源和热水、矿泉水、温泉水等特殊地下水资源保护区的开展地下水专项评价工作。

11. ABD 【解析】第二十四条：“建设项目的环境影响评价文件自批准之日起超过五年，方决定该项目开工建设的，其环境影响评价文件应当报原审批部门重新审核”。

12．ABD 【解析】根据《关于做好“三磷”建设项目环境影响评价与排污许可管理工作的通知》，新建、扩建磷化工项目应布设在依法合规设立的化工园区或具有化工定位的产业园区内；“三磷”建设项目选址不得位于饮用水水源保护区、自然保护区、风景名胜区以及国家法律法规明确的其他禁止建设区域；选址应避开岩溶强发育、存在较多落水洞或岩溶漏斗的区域。长江干流及主要支流岸线 1 公里范围内禁止新建、扩建磷矿、磷化工项目，长江干流 3 公里范围内、主要支流岸线 1 公里范围内禁止新建、扩建尾矿库和磷石膏库。建设项目所在水环境控制单元或断面总磷超标的，实施总磷排放量 2 倍或以上削减替代。

13．ABD 【解析】实验室废水、动物房废水等含有药物活性成分的废水，应单独收集并进行灭菌、灭活预处理。含有药物活性成分的污泥，须进行灭活预处理。对未明确是否具有危险特性的动植物提取残渣、制药污水处理产生的污泥等，应进行危险废物鉴别，在鉴别结论出来之前暂按危险废物管理。关注特征污染物的累积环境影响。

14．ABD 【解析】第三十二条：“建设项目环境影响报告书、环境影响报告表存在基础资料明显不实，内容存在重大缺陷、遗漏或者虚假，环境影响评价结论不正确或者不合理等严重质量问题的，由设区的市级以上人民政府生态环境主管部门对建设单位处五十万元以上二百万元以下的罚款，并对建设单位的法定代表人、主要负责人、直接负责的主管人员和其他直接责任人员，处五万元以上二十万元以下的罚款。

接受委托编制建设项目环境影响报告书、环境影响报告表的技术单位违反国家有关环境影响评价标准和技术规范等规定，致使其编制的建设项目环境影响报告书、环境影响报告表存在基础资料明显不实，内容存在重大缺陷、遗漏或者虚假，环境影响评价结论不正确或者不合理等严重质量问题的，由设区的市级以上人民政府生态环境主管部门对技术单位处所收费用三倍以上五倍以下的罚款；情节严重的，禁止从事环境影响报告书、环境影响报告表编制工作；有违法所得的，没收违法所得。

编制单位有本条第一款、第二款规定的违法行为的，编制主持人和主要编制人员五年内禁止从事环境影响报告书、环境影响报告表编制工作；构成犯罪的，依法追究刑事责任，并终身禁止从事环境影响报告书、环境影响报告表编制工作。”

15．ACD 【解析】《建设项目环境影响评价分类管理名录（2021 年版）》第三条：“本名录所称环境敏感区是指依法设立的各级各类保护区域和对建设项目产生的环境影响特别敏感的区域，主要包括下列区域：（一）国家公园、自然保护区、风景名胜区、世界文化和自然遗产地、海洋特别保护区、饮用水水源保护区；（二）除（一）外的生态保护红线管控范围，永久基本农田、基本草原、自然公园（森林公园、地质公园、海洋公园等）、重要湿地、天然林，重点保护野生动物栖息地，重点保护野生植物生长繁殖地，重要水生生物的自然产卵场、索饵场、越冬场和洄游通道，天然渔场，水土流失重点预防区和重点治理区、沙化土地封禁保护区、封闭及半封闭海域；（三）以居住、医疗卫生、文化教育、科研、行政办公为主要功能的区域，以及文物保护单位。”

16. BCD 【解析】《建设项目环境影响评价分类管理名录（2021 年版）》第三条：“本名录所称环境敏感区是指依法设立的各级各类保护区域和对建设项目产生的环境影响特别敏感的区域，主要包括下列区域：（一）国家公园、自然保护区、风景名胜区、世界文化和自然遗产地、海洋特别保护区、饮用水水源保护区；（二）除（一）外的生态保护红线管控范围，永久基本农田、基本草原、自然公园（森林公园、地质公园、海洋公园等）、重要湿地、天然林，重点保护野生动物栖息地，重点保护野生植物生长繁殖地，重要水生生物的自然产卵场、索饵场、越冬场和洄游通道，天然渔场，水土流失重点预防区和重点治理区、沙化土地封禁保护区、封闭及半封闭海域；（三）以居住、医疗卫生、文化教育、科研、行政办公为主要功能的区域，以及文物保护单位。”

17. BC 【解析】《建设项目环境保护管理条例》第九条：“依法应当编制环境影响报告书、环境影响报告表的建设项目，建设单位应当在开工建设前将环境影响报告书、环境影响报告表报有审批权的环境保护行政主管部门审批；建设项目的环境影响评价文件未依法经审批部门审查或者审查后未予批准的，建设单位不得开工建设。”

《建设项目环境影响登记表备案管理办法》第九条：“建设单位应当在建设项目建成并投入生产运营前，登录网上备案系统，在网上备案系统注册真实信息，在线填报并提交建设项目环境影响登记表。”

18. AB 【解析】《建设项目环境保护管理条例》第十一条：“建设项目有下列情形之一的，环境保护行政主管部门应当对环境影响报告书、环境影响报告表作出不予批准的决定：（一）建设项目类型及其选址、布局、规模等不符合环境保护法律法规和相关法定规划；（二）所在区域环境质量未达到国家或者地方环境质量标准，且建设项目拟采取的措施不能满足区域环境质量改善目标管理要求；（三）建设项目采取的污染防治措施无法确保污染物排放达到国家和地方排放标准，或者未采取必要措施预防和控制生态破坏；（四）改建、扩建和技术改造项目，未针对项目原有环境污染和生态破坏提出有效防治措施；（五）建设项目的环境影响报告书、环境影响报告表的基础资料数据明显不实，内容存在重大缺陷、遗漏，或者环境影响评价结论不明确、不合理。”

五、环境影响评价相关法律法规

（一）《中华人民共和国大气污染防治法》

一、单项选择题

1．根据《中华人民共和国大气污染防治法》，下列关于农业污染防治要求的说法，正确的是（　　）。（2020年考题）

A．禁止对树木、花草喷洒剧毒、高毒农药

B．生态环境主管部门应加强对农业生产经营活动排放大气污染物的控制

C．农业生产经营者应减少使用农药，减少氨、挥发性有机物等大气污染物的排放

D．县级人民政府应当组织建立秸秆收集、贮存、运输和综合利用服务体系

2．根据《中华人民共和国大气污染防治法》，下列关于燃煤和其他能源污染防治的说法，错误的是（　　）。（2021年考题）

A．限制高硫分、高灰分煤炭的开采

B．新建煤矿应当同步建设配套的煤炭洗选设施

C．已建成的煤矿应当限期建成配套的煤炭洗选设施

D．禁止开采含放射性和砷等有毒有害物质超过规定标准的煤炭

3．根据《中华人民共和国大气污染防治法》，下列关于工业污染防治的说法，错误的是（　　）。（2021年考题）

A．工业企业应当使用低挥发性有机物含量的涂料

B．产生含挥发性有机物废气的生产和服务活动，应当在密闭空间或者设备中进行；无法密闭的，应当采取措施减少废气排放

C．成品油运输船舶应当按照国家有关规定安装油气回收装置并保持正常使用

D．生产和使用有机溶剂的企业，应当采取措施对管道、设备进行日常维护、维修，减少物料泄漏，对泄漏的物料应当及时收集处理

4．根据《中华人民共和国大气污染防治法》，下列关于扬尘污染防治的说法，

正确的是（　　）。（2021 年考题）

A．建设单位应当制定具体的施工扬尘污染防治实施方案

B．从事建筑物拆除的施工单位，应当向住房城乡建设主管部门备案

C．建筑土方、工程渣土、建筑垃圾在场地内堆存的，应当采用密闭式防尘网遮盖

D．暂时不能开工的建设用地，建设单位应当对裸露地面进行覆盖；超过一个月的，应当进行绿化、铺装或者遮盖

5．根据《中华人民共和国大气污染防治法》，下列关于重污染天气应对的说法，错误的是（　　）。（2021 年考题）

A．县级以上地方人民政府应当将重污染天气应对纳入突发事件应急管理体系

B．县级以上地方人民政府应当制定重污染天气应急预案

C．任何单位和个人不得擅自向社会发布重污染天气预报预警信息

D．县级以上地方人民政府应当依据重污染天气的预警等级，及时启动应急预案

6．根据《中华人民共和国大气污染防治法》，下列关于某集中供热燃煤锅炉项目需要采取的措施中，错误的是（　　）。（2021 年考题）

A．该项目应当实行煤炭的等量或者减量替代

B．该项目应当采用清洁生产工艺，配套建设除尘、脱硫、脱硝等装置

C．鼓励该项目采用先进的脱汞技术和装置

D．该项目应当取得排污许可证

7．根据《中华人民共和国大气污染防治法》，大气污染防治标准的规定不包括（　　）。（2022 年考题）

A．省级人民政府可制定大气环境质量标准

B．省级人民政府可制定大气污染物排放标准

C．制定燃煤产品质量标准应明确大气环境保护要求

D．制定涂料产品质量标准应明确卫生防护距离要求

8．根据《中华人民共和国大气污染防治法》，新建生活垃圾焚烧项目大气污染防治的要求不包括（　　）。（2022 年考题）

A．设置合理的防护距离

B．选址远离永久基本农田

C．垃圾贮存设施安装净化装置

D．垃圾运输车辆采取防尘措施

9．根据《中华人民共和国大气污染防治法》，工业涂装企业记录生产原料、辅料的台账内容不包括（　　）。（2023 年考题）

A．去向　　　　B．使用量

C．废弃量　　　　D．排放量

10. 根据《中华人民共和国大气污染防治法》，下列说法中错误的是（　　）。（2023年考题）

A. 城市大气环境质量限期达标规划应当向社会公开

B. 大气环境质量限期达标规划应当报国务院生态环境主管部门

C. 城市大气环境质量限期达标规划应当根据大气污染防治的要求和经济、技术条件适时进行评估、修订

D. 编制城市大气环境质量限期达标规划，应当征求有关行业协会、企业事业单位、专家和公众等方面的意见

11. 根据《中华人民共和国大气污染防治法》，下列说法中错误的是（　　）。（2023年考题）

A. 暂时不能开工的建设用地，建设单位应当对裸露地面进行覆盖；超过三个月的，应当进行喷淋抑尘

B. 施工单位应当在施工工地设置硬质围挡，并采取覆盖、分段作业、择时施工、洒水抑尘、冲洗地面和车辆等有效防尘降尘措施

C. 施工单位应当在施工工地公示扬尘污染防治措施、负责人、扬尘监督管理主管部门等信息

D. 建筑垃圾在场地内堆存的，应当采用密闭式防尘网遮盖

12. 根据《中华人民共和国大气污染防治法》，下列关于重点排污单位污染源监测有关规定的说法，正确的是（　　）。（2023年考题）

A. 重点排污单位应当对自动监测数据的真实性和准确性负责

B. 环境监测机构应当对自动监测数据的真实性和准确性负责

C. 生态环境主管部门应当对自动监测数据的真实性和准确性负责

D. 重点排污单位及其委托的第三方监测机构应当对自动监测数据的真实性和准确性负责

13. 根据《中华人民共和国大气污染防治法》，下列关于高污染燃料禁燃区有关规定的说法，错误的是（　　）。（2024年考题）

A. 禁止销售高污染燃料

B. 禁止燃用高污染燃料

C. 禁止新建分布式燃气锅炉

D. 禁止扩建燃用高污染燃料的设施

14. 根据《中华人民共和国大气污染防治法》，下列关于扬尘污染防治的规定，错误的是（　　）。（2024年考题）

A. 建筑土方、工程渣土应当及时清运

B. 应当制定施工扬尘污染防治实施方案

C．应当在施工工地采取有效防尘降尘措施

D．应当对裸露建设用地地面进行绿化、铺装

二、不定项选择题

1．根据《中华人民共和国大气污染防治法》，下列关于燃煤污染防治的说法，错误的有（　　）。（2020 年考题）

A．禁止销售不符合民用散煤质量标准的煤炭

B．禁止开采含放射性和砷等有毒有害物质的煤炭

C．单位存放煤渣、煤灰等物料，应当采取防燃措施，防治大气污染

D．未建设煤炭洗选设施的已建成煤矿应当限期建成配套的煤炭洗选设施

2．某省内一设区市未达到国家大气环境质量标准，根据《中华人民共和国大气污染防治法》，下列关于大气污染防治标准和限期达标规划的说法，错误的有（　　）。（2021 年考题）

A．该市人民政府应当及时编制大气环境质量限期达标规划，采取措施，按照国务院或者省级人民政府规定的期限达到大气环境质量标准

B．该市的大气环境质量限期达标规划应当报国务院生态环境主管部门备案

C．该市人民政府应当每年向省级人民代表大会报告大气环境质量限期达标规划执行情况

D．该市人民政府可在严于国家大气染物排放标准的基础上，制定地方大气污染物排放标准

3．某项目在生产经营活动中产生恶臭气体，根据《中华人民共和国大气污染防治法》，下列说法，正确的有（　　）。（2021 年考题）

A．该项目应当设置合理的防护距离

B．该项目应当安装净化装置或者采取其他措施，防止排放恶臭气体

C．该项目应当安装净化装置或者采取其他措施，确保恶臭污染物达标排放

D．该项目应当按照国家有关规定建设环境风险预警体系，对排放口和周边环境进行定期监测

4．根据《中华人民共和国大气污染防治法》，下列关于大气重点排污单位污染源监测，正确的有（　　）。（2022 年考题）

A．应进行工业废气监测

B．保存原始监测记录

C．依法公开排放信息

D．安装大气污染物自动监测设备

5．根据《中华人民共和国大气污染防治法》，下列关于工业污染源监测的说法，

正确的有（　　）。（2024年考题）

A．应当安装自动监测设备

B．应与生态环境主管部门的监控设备联网

C．应当保存原始监测记录

D．应按照规定对工业废气进行监测

参考答案

一、单项选择题

1．D　【解析】A的正确说法是：禁止在人口集中地区对树木、花草喷洒剧毒、高毒农药。B的正确说法是：地方各级人民政府应当推动转变农业生产方式，发展农业循环经济，加大对废弃物综合处理的支持力度，加强对农业生产经营活动排放大气污染物的控制。C的正确说法是：农业生产经营者应当改进施肥方式，科学合理施用化肥并按照国家有关规定使用农药，减少氨、挥发性有机物等大气污染物的排放。

2．C　【解析】C的正确说法是：已建成的煤矿除所采煤炭属于低硫分、低灰分或者根据已达标排放的燃煤电厂要求不需要洗选的以外，应当限期建成配套的煤炭洗选设施。

3．A　【解析】A的正确说法是：工业涂装企业应当使用低挥发性有机物含量的涂料。注意是工业涂装企业。

4．C　【解析】A的正确说法是：施工单位应当制定具体的施工扬尘污染防治实施方案。B的正确说法是：应当向负责监督管理扬尘污染防治的主管部门备案。D的正确说法是：超过三个月的，应当进行绿化、铺装或者遮盖。

5．B　【解析】B的正确说法是：省、自治区、直辖市、设区的市人民政府以及可能发生重污染天气的县级人民政府，应当制定重污染天气应急预案。

6．A　【解析】A的正确说法是：国家大气污染防治重点区域内新建、改建、扩建用煤项目的，应当实行煤炭的等量或者减量替代。注意前提条件是在国家大气污染防治重点区域内。

7．D　【解析】第十三条："制定燃煤、石油焦、生物质燃料、涂料等含挥发性有机物的产品、烟花爆竹以及锅炉等产品的质量标准，应当明确大气环境保护要求"。未对卫生防护距离进行要求。

8．B　【解析】第八十条："企业事业单位和其他生产经营者在生产经营活动中产生恶臭气体的，应当科学选址，设置合理的防护距离，并安装净化装置或者采取其他措施，防止排放恶臭气体。"

9. D 【解析】第四十六条："工业涂装企业应当使用低挥发性有机物含量的涂料，并建立台账，记录生产原料、辅料的使用量、废弃量、去向以及挥发性有机物含量。"

10. B 【解析】第十四条："编制城市大气环境质量限期达标规划，应当征求有关行业协会、企业事业单位、专家和公众等方面的意见。"第十五条："城市大气环境质量限期达标规划应当向社会公开。直辖市和设区的市的大气环境质量限期达标规划应当报国务院生态环境主管部门备案。"第十七条："城市大气环境质量限期达标规划应当根据大气污染防治的要求和经济、技术条件适时进行评估、修订"。

11. A 【解析】第六十九条："施工单位应当在施工工地设置硬质围挡，并采取覆盖、分段作业、择时施工、洒水抑尘、冲洗地面和车辆等有效防尘降尘措施。建筑土方、工程渣土、建筑垃圾应当及时清运；在场地内堆存的，应当采用密闭式防尘网遮盖。工程渣土、建筑垃圾应当进行资源化处理。施工单位应当在施工工地公示扬尘污染防治措施、负责人、扬尘监督管理主管部门等信息。暂时不能开工的建设用地，建设单位应当对裸露地面进行覆盖；超过三个月的，应当进行绿化、铺装或者遮盖。"

12. A 【解析】第二十五条："重点排污单位应当对自动监测数据的真实性和准确性负责。"

13. C 【解析】第三十八条："城市人民政府可以划定并公布高污染燃料禁燃区，并根据大气环境质量改善要求，逐步扩大高污染燃料禁燃区范围。高污染燃料的目录由国务院生态环境主管部门确定。在禁燃区内，禁止销售、燃用高污染燃料；禁止新建、扩建燃用高污染燃料的设施，已建成的，应当在城市人民政府规定的期限内改用天然气、页岩气、液化石油气、电或者其他清洁能源。"

14. D 【解析】第六十九条："暂时不能开工的建设用地，建设单位应当对裸露地面进行覆盖；超过三个月的，应当进行绿化、铺装或者遮盖。"

二、不定项选择题

1. BD 【解析】B 的正确说法是：禁止开采含放射性和砷等有毒有害物质超过规定标准的煤炭。D 的正确说法是：已建成的煤矿除所采煤炭属于低硫分、低灰分或者根据已达标排放的燃煤电厂要求不需要洗选的以外，应当限期建成配套的煤炭洗选设施。

2. CD 【解析】C 的正确说法是第十六条："城市人民政府每年在向本级人民代表大会或者其常务委员会报告环境状况和环境保护目标完成情况时，应当报告大气环境质量限期达标规划执行情况，并向社会公开。"D 选项涉及《中华人民共和国环境保护法》第十六条："省、自治区、直辖市人民政府对国家污染物排放标准中未作规定的项目，可以制定地方污染物排放标准；对国家污染物排放标准中已作规定的项目，可以制定严于国家污染物排放标准的地方污染物排放标准。”因此，制定地方大气污染物排放标准是省、自治区、直辖市人民政府的工作。

3．AB 【解析】第八十条：“企业事业单位和其他生产经营者在生产经营活动中产生恶臭气体的，应当科学选址，设置合理的防护距离，并安装净化装置或者采取其他措施，防止排放恶臭气体。”

4．ABCD 【解析】第二十四条：“企业事业单位和其他生产经营者应当按照国家有关规定和监测规范，对其排放的工业废气和本法第七十八条规定名录中所列有毒有害大气污染物进行监测，并保存原始监测记录。其中，重点排污单位应当安装、使用大气污染物排放自动监测设备，与环境保护主管部门的监控设备联网，保证监测设备正常运行并依法公开排放信息”。

5．CD 【解析】第二十四条：“企业事业单位和其他生产经营者应当按照国家有关规定和监测规范，对其排放的工业废气和本法第七十八条规定名录中所列有毒有害大气污染物进行监测，并保存原始监测记录。其中，重点排污单位应当安装、使用大气污染物排放自动监测设备，与生态环境主管部门的监控设备联网，保证监测设备正常运行并依法公开排放信息”。AB 是重点排污单位应满足的要求。

（二）《中华人民共和国水污染防治法》

一、单项选择题

1. 某地区未完成水环境质量改善目标，根据《中华人民共和国水污染防治法》，下列说法中正确的是（　　）。（2021 年考题）

A. 市级以上人民政府生态环境主管部门应当会同有关部门约谈该地区环境保护主管部门的主要负责人

B. 市级以上人民政府生态环境主管部门应当会同有关部门约谈该地区人民政府的主要负责人

C. 暂停审批该地区新增水污染物排放总量的建设项目的环境影响评价文件

D. 暂停审批该地区新增重点水污染物排放总量的建设项目的环境影响评价文件

2. 某工业集聚区位于城镇污水集中处理设施服务范围内，根据《中华人民共和国水污染防治法》，下列说法中正确的是（　　）。（2021 年考题）

A. 该工业集聚区可不安装自动监测设备

B. 该工业集聚区应当配套建设相应的污水集中处理设施

C. 该工业集聚区含有毒有害水污染物的工业废水可统一收集后排入城镇污水集中处理设施

D. 该工业集聚区内企业的工业废水应满足城镇污水集中处理设施处理工艺要求

3. 某电镀企业产生的废水包括含锌废水、含铜废水和有机废水，废水排入工业集聚区污水集中处理设施，根据《中华人民共和国水污染防治法》，下列说法中错误的是（　　）。（2021 年考题）

A. 该企业应当取得排污许可证

B. 以上生产废水应当分类收集和处理，不得稀释排放

C. 应预处理达到集中处理设施处理工艺要求后方可排放

D. 应当按照国家有关规定和监测规范，对所排放的水污染物自行监测

4. 某工业集聚区内企业拟向工业集聚区污水集中处理设施排放工业废水，废水中污染物 A 的产生浓度为 2 000 mg/L，国家标准中规定的间接排放限值为 600 mg/L，地方标准中规定的间接排放限值为 500 mg/L，工业集聚区污水集中处理设施处理工艺要求限值为 400 mg/L，根据《中华人民共和国水污染防治法》，该企业废水中污染物 A 预处理应达到的排放限值为（　　）。（2021 年考题）

A. 与工业集聚区污水集中处理设施协商确定

B．400 mg/L　　C．500 mg/L　　D．600 mg/L

5．根据《中华人民共和国水污染防治法》，下列关于水环境质量标准和水污染物排放标准的制定，错误的是（　　）。（2022 年考题）

A．国家水环境质量标准中未作规定的项目，可以制定地方标准

B．国家水污染物排放标准中未作规定的项目，可以制定地方标准

C．国家水环境质量标准中已作规定的项目，可以制定更严格的地方标准

D．国家水污染物排放标准中已作规定的项目，可以制定更严格的地方标准

6. 某地区重点水污染物排放完成总量控制指标，但未完成水环境质量改善目标。根据《中华人民共和国水污染防治法》，下列关于该地区重点水污染物总量控制的说法，正确的是（　　）。（2022 年考题）

A．该地区不需要对本区域重点水污染物排放实施总量控制

B．该地区应按规定削减和控制本行政区域的重点水污染物排放总量

C．该地区省级生态环境主管部门应约谈该地区重点水污染物排放单位法人

D．该地区可审批新增重点水污染物排放总量的建设项目环境影响评价文件

7．某新建加油站项目拟建地下油罐，根据《中华人民共和国水污染防治法》，该项目地下水污染防治措施的要求不包括（　　）。（2022 年考题）

A．使用双层罐　　B．建造防渗池

C．进行防渗漏监测　　D．建设地下水在线监测系统

8．根据《中华人民共和国水污染防治法》，人工回灌补给地下水污染防治的要求是（　　）。（2022 年考题）

A．不得恶化地下水质　　B．不得超过地下水水质标准

C．不得超过污水综合排放标准　　D．不得超过农田灌溉标准

9．根据《中华人民共和国水污染防治法》，船舶修造厂应备有足够的设施是（　　）。（2022 年考题）

A．船舶污染物、废弃物的转移设施　　B．船舶污染物、废弃物的接收设施

C．船舶污染物、废弃物的处理设施　　D．船舶污染物、废弃物的利用设施

10．根据《中华人民共和国水污染防治法》，下列关于水污染防治原则的规定，错误的是（　　）。（2023 年考题）

A．水污染防治应当优先保护饮用水水源

B．水污染防治应当坚持预防为主、防治结合、综合治理的原则

C．水污染防治应当严格控制工业污染、城镇生活污染和农业面源污染

D．水污染防治应当积极推进生态治理工程建设，预防、控制和减少水环境污染和生态破坏

11．根据《中华人民共和国水污染防治法》，对超过重点水污染物排放总量控

制指标的地区，省级以上人民政府生态环境保护主管部门应当（ ）。（2023年考题）

A．暂停审批该地区新增重点水污染物排放总量的建设项目环境影响评价文件

B．暂停审批该地区排放水污染物的建设项目环境影响评价文件

C．暂停审批该地区排放重点水污染物的建设项目环境影响评价文件

D．暂停审批该地区新增水污染物排放量的建设项目环境影响评价文件

12．根据《中华人民共和国水污染防治法》，下列关于水污染防治有关规定的说法，正确的是（ ）。（2024年考题）

A．禁止向农田灌溉渠道排放工业废水

B．禁止在重要渔业水体扩建排污口

C．禁止在饮用水水源保护区内建设与供水无关的建设项目

D．禁止在饮用水水源准保护区内新建排放污染物的建设项目

13．根据《中华人民共和国水污染防治法》，对船舶污染水域防治实施监督管理的部门或机构是（ ）。（2024年考题）

A．流域水资源保护机构

B．县级以上水行政主管部门

C．县级以上生态环境主管部门

D．交通主管部门的海事管理机构

14．某国家高速公路廊道涉及饮用水水源保护区。根据《中华人民共和国水染防治法》，下列关于该项目选线避绕饮用水水源保护区的说法，正确的是（ ）。（2024年考题）

A．必须避绕准保护区

B．必须避绕一级保护区

C．必须避绕一级和二级保护区

D．必须避绕饮用水水源保护区

二、不定项选择题

1．某加油站拟建设地下油罐改造项目，根据《中华人民共和国水污染防治法》，下列关于该项目应当采取地下水污染防治措施的说法，正确的有（ ）。（2020年考题）

A．使用双层罐

B．使用双层罐并建造防渗池

C．进行防渗漏监测

D．设置防渗层和防渗墙

2．根据《中华人民共和国水污染防治法》，水污染防治应当坚持（ ）的原则。（2021年考题）

A．预防为主

B．防治结合

C．保护优先

D．综合治理

3．根据《中华人民共和国水污染防治法》，禁止向水体排放的物质有（　　）。（2021 年考题）

A．油类　　B．含有持久性有机污染物的废水

C．工业废渣、城镇垃圾　　D．含有中放射性物质的废水

4．根据《中华人民共和国水污染防治法》，存放可溶性剧毒废渣场所可采取的水污染防治措施包括（　　）。（2022 年考题）

A．防水　　B．防火

C．防渗漏　　D．防流失

5．根据《中华人民共和国水污染防治法》，下列关于饮用水源保护有关的说法，正确的有（　　）（2022 年考题）

A．禁止在饮用水水源一级保护区内新建供水设施

B．禁止在饮用水水源二级保护区内新建排放污染物的建设项目

C．禁止在饮用水水源二级保护区内改建排放污染物的建设项目

D．禁止在饮用水水源准保护区内新建对水体污染严重的建设项目

6．根据《中华人民共和国水污染防治法》，应当采取防渗漏等措施，并建设地下水水质监测井进行监测，防止地下水污染的有（　　）。（2023 年考题）

A．化学品生产企业　　B．工业集聚区

C．矿山开采区　　D．地下勘探

参考答案

一、单项选择题

1．D　【解析】第二十条：“对超过重点水污染物排放总量控制指标或者未完成水环境质量改善目标的地区，省级以上人民政府环境保护主管部门应当会同有关部门约谈该地区人民政府的主要负责人，并暂停审批新增重点水污染物排放总量的建设项目的环境影响评价文件。”

2．B　【解析】第四十五条：“含有毒有害水污染物的工业废水应当分类收集和处理，不得稀释排放。工业集聚区应当配套建设相应的污水集中处理设施，安装自动监测设备，与环境保护主管部门的监控设备联网，并保证监测设备正常运行。向污水集中处理设施排放工业废水的，应当按照国家有关规定进行预处理，达到集中处理设施处理工艺要求后方可排放。”

3．B　【解析】B 选项的正确说法是：含有毒有害水污染物的工业废水应当分类收集和处理，不得稀释排放。而含锌废水、含铜废水和有机废水均不属于《有毒

有害水污染物名录（第一批）》中规定的物质。

4. B 【解析】第四十五条：“向污水集中处理设施排放工业废水的，应当按照国家有关规定进行预处理，达到集中处理设施处理工艺要求后方可排放。”

5. C 【解析】第十二条：“国务院环境保护主管部门制定国家水环境质量标准。省、自治区、直辖市人民政府可以对国家水环境质量标准中未作规定的项目，制定地方标准，并报国务院环境保护主管部门备案。”因此A正确。第十四条：“国务院环境保护主管部门根据国家水环境质量标准和国家经济、技术条件，制定国家水污染物排放标准。省、自治区、直辖市人民政府对国家水污染物排放标准中未作规定的项目，可以制定地方水污染物排放标准；对国家水污染物排放标准中已作规定的项目，可以制定严于国家水污染物排放标准的地方水污染物排放标准。地方水污染物排放标准须报国务院环境保护主管部门备案”。B、D正确。

6. B 【解析】第二十条：“国家对重点水污染物排放实施总量控制制度”（A错误）。……“省、自治区、直辖市人民政府应当按照国务院的规定削减和控制本行政区域的重点水污染物排放总量”（B 正确）。“具体办法由国务院环境保护主管部门会同国务院有关部门规定。……对超过重点水污染物排放总量控制指标或者未完成水环境质量改善目标的地区，省级以上人民政府环境保护主管部门应当会同有关部门约谈该地区人民政府的主要负责人”（C 错误）。“并暂停审批新增重点水污染物排放总量的建设项目的环境影响评价文件。约谈情况应当向社会公开”（D错误）。

7. D 【解析】第四十条：“加油站等的地下油罐应当使用双层罐或者采取建造防渗池等其他有效措施，并进行防渗漏监测，防止地下水污染”。

8. A 【解析】第四十三条：“人工回灌补给地下水，不得恶化地下水质。”

9. B 【解析】第六十一条：“港口、码头、装卸站和船舶修造厂所在地市、县级人民政府应当统筹规划建设船舶污染物、废弃物的接收、转运及处理处置设施。港口、码头、装卸站和船舶修造厂应当备有足够的船舶污染物、废弃物的接收设施”。

10. C 【解析】第三条：“水污染防治应当坚持预防为主、防治结合、综合治理的原则，优先保护饮用水水源，严格控制工业污染、城镇生活污染，防治农业面源污染，积极推进生态治理工程建设，预防、控制和减少水环境污染和生态破坏。”

11. A 【解析】第二十条：“对超过重点水污染物排放总量控制指标或者未完成水环境质量改善目标的地区，省级以上人民政府环境保护主管部门应当会同有关部门约谈该地区人民政府的主要负责人，并暂停审批新增重点水污染物排放总量的建设项目的环境影响评价文件。约谈情况应当向社会公开。”

12．A 【解析】第五十八条：“禁止向农田灌溉渠道排放工业废水或者医疗污水。”第六十五条：“禁止在饮用水水源一级保护区内新建、改建、扩建与供水设施和保护水源无关的建设项目。”第六十六条：“禁止在饮用水水源二级保护区内新建、改建、扩建排放污染物的建设项目。第六十七条：“禁止在饮用水水源准保护区内新建、扩建对水体污染严重的建设项目；改建建设项目，不得增加排污量。”第七十五条：“在风景名胜区水体、重要渔业水体和其他具有特殊经济文化价值的水体的保护区内，不得新建排污口。”

13．D 【解析】第九条：“交通主管部门的海事管理机构对船舶污染水域的防治实施监督管理。”

14．B 【解析】第六十五条：“禁止在饮用水水源一级保护区内新建、改建、扩建与供水设施和保护水源无关的建设项目；已建成的与供水设施和保护水源无关的建设项目，由县级以上人民政府责令拆除或者关闭。禁止在饮用水水源一级保护区内从事网箱养殖、旅游、游泳、垂钓或者其他可能污染饮用水水体的活动。”第六十六条：“禁止在饮用水水源二级保护区内新建、改建、扩建排放污染物的建设项目；已建成的排放污染物的建设项目，由县级以上人民政府责令拆除或者关闭。在饮用水水源二级保护区内从事网箱养殖、旅游等活动的，应当按照规定采取措施，防止污染饮用水水体。”公路廊道不属于排放污染物的建设项目，所以二级保护区可以建设。

二、不定项选择题

1．AC 【解析】第四十条：“加油站等的地下油罐应当使用双层罐或者采取建造防渗池等其他有效措施，并进行防渗漏监测，防止地下水污染。”

2．ABD 【解析】第三条：“水污染防治应当坚持预防为主、防治结合、综合治理的原则。”

3．ACD 【解析】第三十三条：“禁止向水体排放油类、酸液、碱液或者剧毒废液。”第三十四条：“禁止向水体排放、倾倒放射性固体废物或者含有高放射性和中放射性物质的废水。”第三十七条：“禁止向水体排放、倾倒工业废渣、城镇垃圾和其他废弃物。”

4．ACD 【解析】第三十七条：“存放可溶性剧毒废渣的场所，应当采取防水、防渗漏、防流失的措施”。

5．BCD 【解析】第六十五条：“禁止在饮用水水源一级保护区内新建、改建、扩建与供水设施和保护水源无关的建设项目”。第六十六条：“禁止在饮用水水源二级保护区内新建、改建、扩建排放污染物的建设项目”。第六十七条：“禁止在饮用水水源准保护区内新建、扩建对水体污染严重的建设项目；改建建设项目，不得增加排污量”。

6. ABC 【解析】第四十条：“化学品生产企业以及工业集聚区、矿山开采区、尾矿库、危险废物处置场、垃圾填埋场等的运营、管理单位，应当采取防渗漏措施，并建设地下水水质监测井进行监测，防止地下水污染。”

（三）《中华人民共和国噪声污染防治法》

一、单项选择题

1. 根据《中华人民共和国噪声污染防治法》，在噪声敏感建筑物集中区域允许从事的活动是（　　）。（2022 年考题）

A. 新建排放噪声的工业企业　　B. 改建排放噪声的工业企业

C. 经营活动中使用高音喇叭　　D. 采用持续高噪声设备宣传

2. 根据《中华人民共和国噪声污染防治法》，噪声污染防治的原则不包括（　　）。（2022 年考题）

A. 统筹规划　　B. 源头防控

C. 综合治理　　D. 损害担责

3. 根据《中华人民共和国噪声污染防治法》，下列关于在噪声敏感建筑物集中区域施工作业的说法，错误的是（　　）。（2023 年考题）

A. 应当按照国家规定，设置噪声自动监测系统，并与监督管理部门联网

B. 因抢修必须夜间施工的，应当取得地方人民政府相关部门的证明

C. 应当优先使用低噪声施工工艺和设备

D. 禁止夜间进行产生噪声的建筑施工作业，但抢修、抢险施工作业，因生产工艺要求或者其他特殊需要必须连续施工作业的除外

4. 根据《中华人民共和国噪声污染防治法》，噪声敏感建筑物禁止建设区域和限制建设区域的说法，错误的是（　　）。（2023 年考题）

A. 在禁止建设区域禁止新建与航空无关的噪声敏感建筑物

B. 民用机场所在地人民政府，应对噪声敏感建筑物禁止建设区域和限制建设区域实施控制

C. 在限制建设区域确需建设噪声敏感建筑物的，应符合民用建筑隔声设计相关标准要求

D. 应根据环境影响评价确定的民用航空器噪声对机场周围生活环境产生影响的范围和程度划定

5. 根据《中华人民共和国噪声污染防治法》，不属于噪声污染防治应当坚持的原则是（　　）。（2024 年考题）

A. 统筹规划　　B. 源头防控

C. 分类管理　　D. 风险防控

6．某噪声重点排污单位已按规定安装使用噪声自动监测设备，根据《中华人民共和国噪声污染防治法》，对监测数据的真实性和准确性负责的单位是（　　）。（2024 年考题）

A．该排污单位　　B．监测设备制造商

C．监测设施运维单位　　D．生态环境主管部门

7．根据《中华人民共和国噪声污染防治法》，不属于建设单位在建筑施工噪声污染防治中应当履行的职责是（　　）。（2024 年考题）

A．制定噪声污染防治实施方案

B．监督施工单位落实噪声污染防治实施方案

C．按照规定将噪声污染防治费用列入工程造价

D．在施工合同中明确施工单位的噪声污染防治责任

二、不定项选择题

1．根据《中华人民共和国噪声污染防治法》，施工单位实施的污染防治措施包括（　　）（2022 年考题）。

A．降低噪声　　B．减少振动

C．制定噪声污染防治实施方案　　D．监督噪声污染物防治实施方案落实

2．根据《中华人民共和国噪声污染防治法》，下列属于噪声敏感建筑的有（　　）（2023 年考题）。

A．工厂家属楼　　B．商业综合体

C．政府办公楼　　D．科研中心

3．新建城市高架公路拟经过噪声敏感建筑物集中区域。根据《中华共和国噪声污染防治法》，下列关于该建设单位拟采取噪声污染防治的措施，正确的有（　　）。（2024 年考题）

A．采取减少振动、降低噪声的措施

B．沿线划定禁止建设区域和限制建设区域

C．选址尽量避开噪声敏感建筑物集中区域

D．在可能造成噪声污染的重点路段设置声屏障

参考答案

一、单项选择题

1．B　【解析】第三十五条：“工业企业选址应当符合国土空间规划以及相关

规划要求，县级以上地方人民政府应当按照规划要求优化工业企业布局，防止工业噪声污染。在噪声敏感建筑物集中区域，禁止新建排放噪声的工业企业，改建、扩建工业企业的，应当采取有效措施防止工业噪声污染。”

2. C 【解析】第四条：“噪声污染防治应当坚持统筹规划、源头防控、分类管理、社会共治、损害担责的原则。”

3. B 【解析】第四十一条：“在噪声敏感建筑物集中区域施工作业，应当优先使用低噪声施工工艺和设备。”第四十二条：“在噪声敏感建筑物集中区域施工作业，建设单位应当按照国家规定，设置噪声自动监测系统，与监督管理部门联网，保存原始监测记录，对监测数据的真实性和准确性负责。”第四十三条：“在噪声敏感建筑物集中区域，禁止夜间进行产生噪声的建筑施工作业，但抢修、抢险施工作业，因生产工艺要求或者其他特殊需要必须连续施工作业的除外。”

4. D 【解析】第五十二条：“民用机场所在地人民政府，应当根据环境影响评价以及监测结果确定的民用航空器噪声对机场周围生活环境产生影响的范围和程度，划定噪声敏感建筑物禁止建设区域和限制建设区域，并实施控制。在禁止建设区域禁止新建与航空无关的噪声敏感建筑物。在限制建设区域确需建设噪声敏感建筑物的，建设单位应当对噪声敏感建筑物进行建筑隔声设计，符合民用建筑隔声设计相关标准要求”。

5. D 【解析】第四条：“噪声污染防治应当坚持统筹规划、源头防控、分类管理、社会共治、损害担责的原则。”

6. A 【解析】第三十八条：“实行排污许可管理的单位应当按照规定，对工业噪声开展自行监测，保存原始监测记录，向社会公开监测结果，对监测数据的真实性和准确性负责。噪声重点排污单位应当按照国家规定，安装、使用、维护噪声自动监测设备，与生态环境主管部门的监控设备联网”。

7. A 【解析】第四十条：“施工单位应当按照规定制定噪声污染防治实施方案，采取有效措施，减少振动、降低噪声。建设单位应当监督施工单位落实噪声污染防治实施方案。”

二、不定项选择题

1. ABC 【解析】第四十条：“施工单位应当按照规定制定噪声污染防治实施方案，采取有效措施，减少振动、降低噪声。”

2. ACD 【解析】第八十八条：“（三）噪声敏感建筑物，是指用于居住、科学研究、医疗卫生、文化教育、机关团体办公、社会福利等需要保持安静的建筑物。”

3. ACD 【解析】第四十五条：“新建公路、铁路线路选线设计，应当尽量避开噪声敏感建筑物集中区域。”第四十六条：“新建、改建、扩建经过噪声敏感建筑物集中区域的高速公路、城市高架、铁路和城市轨道交通线路等的，建设单位应当在可能造成噪声污染的重点路段设置声屏障或者采取其他减少振动、降低噪声的措施，符合有关交通基础设施工程技术规范以及标准要求。”

第五十二条：“民用机场所在地人民政府，应当根据环境影响评价以及监测结果确定的民用航空器噪声对机场周围生活环境产生影响的范围和程度，划定噪声敏感建筑物禁止建设区域和限制建设区域，并实施控制。”B 选项是民用机场相关的噪声防治措施。

（四）《中华人民共和国固体废物污染环境防治法》

一、单项选择题

1. 根据《中华人民共和国固体废物污染环境防治法》，下列不属于生活垃圾分类坚持的原则的是（　　）。（2021年考题）

A. 政府推动　　B. 循序渐进　　C. 城乡统筹　　D. 简便易行

2. 甲省A市区域内的某企业拟将固体废物转移至乙省B市区域内处置，根据《中华人民共和国固体废物污染环境防治法》，该企业应向（　　）提出申请。（2021年考题）

A. 甲省生态环境主管部门　　B. A市生态环境主管部门

C. 乙省生态环境主管部门　　D. B市生态环境主管部门

3. 甲省内的某企业拟将固体废物转移至乙省区域内利用，根据《中华人民共和国固体废物污染环境防治法》，下列说法中错误的是（　　）。（2021年考题）

A. 该企业应当报甲省生态环境主管部门备案

B. 受托进行固体废物利用的企业，应该将利用情况上报当地生态环境主管部门

C. 受托进行固体废物利用的企业，应当依法及时公开固体废物污染环境防治信息

D. 受托进行固体废物利用的企业，应当按照国家有关规定，投保环境污染责任保险

4. 根据《中华人民共和国固体废物污染环境防治法》，下列关于生活垃圾的说法，错误的是（　　）。（2021年考题）

A. 建设生活垃圾处理设施应当符合国务院住房城乡建设主管部门规定的环境卫生标准

B. 相邻地区生活垃圾处理设施可跨行政区域共建共享

C. 生活垃圾处理设施确有必要拆除的，应当经所在地生态环境主管部门核准，并采取防止污染环境的措施

D. 生活垃圾处理单位应当按照国家有关规定，安装使用监测设备，监测设备应当与所在地生态环境主管部门的监控设备联网

5. 根据《中华人民共和国固体废物污染环境防治法》，下列关于危险废物运输的说法，错误的是（　　）。（2021年考题）

A. 禁止将危险废物与其他货物在同一运输工具上载运

B. 运输危险废物，应当遵守国家有关危险货物运输管理的规定

C．运输危险废物的单位，应当依法制定意外事故的防范措施和应急预案

D．运输危险废物的设施应当按照规定设置危险废物识别标志

6．根据《中华人民共和国固体废物污染环境防治法》，下列不属于产生危险废物单位制定的危险废物管理计划中应当包括的是（　　）。（2021 年考题）

A．危险废物收集措施　　B．危险废物贮存措施

C．危险废物利用措施　　D．减少危险废物产生量的措施

7. 根据《中华人民共和国固体废物污染环境防治法》，固体废物不包括（　　）。（2022 年考题）

A．农药包装废弃物　　B．二手农用电动车

C．废弃的农用薄膜　　D．装修产生的弃料

8．单位甲委托单位乙对其产生的工业固体废物进行综合利用，根据《中华人民共和国固体废物污染环境防治法》，单位甲履行污染环境防治责任正确的做法是（　　）。（2022 年考题）

A．对单位乙经济和技术能力进行核实，并在合同中约定污染防治要求

B．对单位乙经济和技术能力进行核实，并在合同中约定其污染主体责任

C．对单位乙主体资格和技术能力进行核实，并在合同中约定污染防治要求

D．对单位乙主体资格和技术能力进行核实，并在合同中约定其污染主体责任

9．根据《中华人民共和国固体废物污染环境防治法》，下列关于危险废物污染环境防治的说法，错误的是（　　）。（2022 年考题）

A．产生危险废物的单位贮存危险废物期限不得超过一年

B．运输危险废物应遵守国家有关危险货物运输管理规定

C．医疗卫生机构应依法分类收集本单位产生的医疗废物

D．收集危险废物的容器转作他用时应经过消除污染处理

10. 根据《中华人民共和国固体废物污染环境防治法》，固体废物不包括（　　）。（2023 年考题）

A．秸秆　　B．煤矸石

C．建筑垃圾　　D．物料周转包装桶

11．根据《中华人民共和国固体废物污染环境防治法》，下列说法中错误的是（　　）。（2023 年考题）

A．应对固体废物加以利用

B．建设工业固体废物贮存、处置的设施、场所，应当符合国家环境保护标准

C．贮存工业固体废物应当采取符合国家环境保护标准的防护措施

D．建设生活垃圾处理设施、场所，应当符合国务院生态环境主管部门和国务院住房城乡建设主管部门规定的环境保护和环境卫生标准

12．根据《中华人民共和国固体废物污染环境防治法》，下列说法中正确的是（　　）。（2023年考题）

A．禁止将危险废物混入非危险废物中贮存

B．禁止混合收集、贮存、运输、处置性质不相容的危险废物

C．从事收集、贮存、利用、处置危险废物经营活动的单位，贮存危险废物不得超过三年

D．收集、贮存危险废物，应当按照危险废物毒性进行分类

13．根据《中华人民共和国固体废物污染环境防治法》，下列关于产生工业固体废物单位管理的规定，错误的是（　　）。（2024年考题）

A．应当依法申领排污许可证

B．应当建立工业固体废物管理台账

C．应当提出减少工业固体废物产生的具体措施

D．应当在单位终止后，对未处置的工业固体废物作出妥善处置

14．根据《中华人民共和国固体废物污染环境防治法》，下列关于污泥污染环境防治的规定，错误的是（　　）。（2024年考题）

A．禁止含有毒有害物质的污泥进入农用地

B．禁止擅自倾倒城镇污水处理设施污泥

C．禁止擅自堆放处理后的城镇污水处理设施污泥

D．污泥处理单位应将污泥流向等记录报告生态环境主管部门

15．根据《中华人民共和国固体废物污染环境防治法》，禁止与危险废物在同一运输工具上载运的是（　　）。（2024年考题）

A．旅客　　B．普通货物

C．生活垃圾　　D．工业固体废物

二、不定项选择题

1．根据《中华人民共和国固体废物污染环境防治法》，下列禁止堆放固体废物的场所中，错误的有（　　）。（2021年考题）

A．禁止向运河堆放固体废物　　B．禁止向渠道堆放固体废物

C．禁止向滩地堆放固体废物　　D．禁止向岸坡堆放固体废物

2．根据《中华人民共和国固体废物污染环境防治法》，下列关于电器电子产品污染防治的规定，错误的有（　　）。（2021年考题）

A．国家建立电器电子产品的使用者责任延伸制度

B．电器电子产品的生产者应当按照规定以自建方式建立与产品销售量相匹配的废旧产品回收体系

C．国家鼓励电器电子产品的生产者开展生态设计，促进资源回收利用

D．国家对废弃电器电子产品等实行多渠道回收和集中处理制度

3．根据《中华人民共和国固体废物污染环境防治法》，固体废物污染防治的原则包括（　　）。（2022 年考题）

A．减量化　　B．资源化　　C．无害化　　D．污染担责

4．根据《中华人民共和国固体废物污染环境防治法》，建立工业固体废物管理台账，如实记录产生工业固体废物（　　）等信息。（2023 年考题）

A．种类　　B．产生量　　C．流向、贮存　　D．利用、处置

5．根据《中华人民共和国固体废物污染环境防治法》，危险废物管理计划应当包括（　　）。（2024 年考题）

A．危险废物收集措施

B．危险废物利用、处置措施

C．减少危险废物产生量的措施

D．降低危险废物危害性的措施

参考答案

一、单项选择题

1．B　【解析】第六条：“生活垃圾分类坚持政府推动、全民参与、城乡统筹、因地制宜、简便易行的原则。”

2．A　【解析】第二十二条：“转移固体废物出省、自治区、直辖市行政区域贮存、处置的，应当向固体废物移出地的省、自治区、直辖市人民政府生态环境主管部门提出申请。”

3．B　【解析】第三十七条：“受托方运输、利用、处置工业固体废物，应当依照有关法律法规的规定和合同约定履行污染防治要求，并将运输、利用、处置情况告知产生工业固体废物的单位”。第三十九条：“产生工业固体废物的单位应当向所在地生态环境主管部门提供工业固体废物的种类、数量、流向、贮存、利用、处置等有关资料。”因此，利用情况应由产生工业固体废物的单位提供。

4．C　【解析】C 选项的正确说法是：禁止擅自关闭、闲置或者拆除生活垃圾处理设施、场所；确有必要关闭、闲置或者拆除的，应当经所在地的市、县级人民政府环境卫生主管部门商所在地生态环境主管部门同意后核准，并采取防止污染环境的措施。

5．A　【解析】A 选项的正确说法是：禁止将危险废物与旅客在同一运输工具上载运。

6．A 【解析】第七十八条：“危险废物管理计划应当包括减少危险废物产生量和降低危险废物危害性的措施以及危险废物贮存、利用、处置措施。”

7．B 【解析】第一百二十四条：“固体废物，是指在生产、生活和其他活动中产生的丧失原有利用价值或者虽未丧失利用价值但被抛弃或者放弃的固态、半固态和置于容器中的气态的物品、物质以及法律、行政法规规定纳入固体废物管理的物品、物质。经无害化加工处理，并且符合强制性国家产品质量标准，不会危害公众健康和生态安全，或者根据固体废物鉴别标准和鉴别程序认定为不属于固体废物的除外”。

8．C 【解析】第三十七条：“产生工业固体废物的单位委托他人运输、利用、处置工业固体废物的，应当对受托方的主体资格和技术能力进行核实，依法签订书面合同，在合同中约定污染防治要求”。

9．A 【解析】A 选项的正确说法是：从事收集、贮存、利用、处置危险废物经营活动的单位，贮存危险废物不得超过一年。

10．D 【解析】第一百二十四条：“固体废物，是指在生产、生活和其他活动中产生的丧失原有利用价值或者虽未丧失利用价值但被抛弃或者放弃的固态、半固态和置于容器中的气态的物品、物质以及法律、行政法规规定纳入固体废物管理的物品、物质。经无害化加工处理，并且符合强制性国家产品质量标准，不会危害公众健康和生态安全，或者根据固体废物鉴别标准和鉴别程序认定为不属于固体废物的除外”。物料周转包装桶未丧失利用价值，也未被抛弃或者放弃，所以不是固体废物。

11．A 【解析】第四十条：“产生工业固体废物的单位应当根据经济、技术条件对工业固体废物加以利用；对暂时不利用或者不能利用的，应当按照国务院生态环境等主管部门的规定建设贮存设施、场所，安全分类存放，或者采取无害化处置措施。贮存工业固体废物应当采取符合国家环境保护标准的防护措施。建设工业固体废物贮存、处置的设施、场所，应当符合国家环境保护标准。”第五十五条：“建设生活垃圾处理设施、场所，应当符合国务院生态环境主管部门和国务院住房城乡建设主管部门规定的环境保护和环境卫生标准。”

12．A 【解析】第八十一条：“收集、贮存危险废物，应当按照危险废物特性分类进行。禁止混合收集、贮存、运输、处置性质不相容而未经安全性处置的危险废物。贮存危险废物应当采取符合国家环境保护标准的防护措施。禁止将危险废物混入非危险废物中贮存。从事收集、贮存、利用、处置危险废物经营活动的单位，贮存危险废物不得超过一年；确需延长期限的，应当报经颁发许可证的生态环境主管部门批准；法律、行政法规另有规定的除外。”

13. D 【解析】第四十一条："产生工业固体废物的单位终止的，应当在终止前对工业固体废物的贮存、处置的设施、场所采取污染防治措施，并对未处置的工业固体废物作出妥善处置，防止污染环境。"

14. A 【解析】第七十二条："禁止重金属或者其他有毒有害物质含量超标的污泥进入农用地。"

15. A 【解析】第八十三条："禁止将危险废物与旅客在同一运输工具上载运。"

二、不定项选择题

1. CD 【解析】第二十条："禁止任何单位或者个人向江河、湖泊、运河、渠道、水库及其最高水位线以下的滩地和岸坡以及法律法规规定的其他地点倾倒、堆放、贮存固体废物。"

2. AB 【解析】第六十六条："国家建立电器电子、铅蓄电池、车用动力电池等产品的生产者责任延伸制度。电器电子、铅蓄电池、车用动力电池等产品的生产者应当按照规定以自建或者委托等方式建立与产品销售量相匹配的废旧产品回收体系，并向社会公开，实现有效回收和利用。"

3. ABCD 【解析】第四条："固体废物污染环境防治坚持减量化、资源化和无害化原则"；第五条："固体废物污染环境防治坚持污染担责的原则。"

4. ACD 【解析】第三十六条："产生工业固体废物的单位应当建立健全工业固体废物产生、收集、贮存、运输、利用、处置全过程的污染环境防治责任制度，建立工业固体废物管理台账，如实记录产生工业固体废物的种类、数量、流向、贮存、利用、处置等信息，实现工业固体废物可追溯、可查询，并采取防治工业固体废物污染环境的措施。"B"产生量"是危险废物台账的内容，工业固废管理台账的内容是"数量"。

5. BCD 【解析】第七十八条："前款所称危险废物管理计划应当包括减少危险废物产生量和降低危险废物危害性的措施以及危险废物贮存、利用、处置措施。"

（五）《中华人民共和国土壤污染防治法》

一、单项选择题

1．根据《中华人民共和国土壤污染防治法》，下列不属于土壤污染防治应当坚持的原则是（　　）。（2020 年考题）

A．预防为主、统筹规划　　B．风险管控、污染担责

C．分类管理、公众参与　　D．保护优先、风险管控

2．根据《中华人民共和国土壤污染防治法》，下列不属于地方人民政府生态环境主管部门应当会同自然资源主管部门进行重点监测的建设用地地块范围的地块是（　　）。（2020 年考题）

A．曾发生过严重洪水灾害的地块　　B．曾用于固体废物堆放的地块

C．曾发生过重大污染事故的地块　　D．曾用于生产有毒物质的地块

3．根据《中华人民共和国土壤污染防治法》，下列关于矿产资源开发区域土壤污染防治监督管理要求的说法，错误的是（　　）。（2020 年考题）

A．排土场运营、管理单位应当进行土壤污染状况监测和定期评估

B．尾矿库运营、管理单位应当加强尾矿库的安全管理，采取措施防止土壤污染

C．各级人民政府生态环境、自然资源主管部门应当严格控制可能造成土壤污染的重点污染物排放

D．需要重点监管的尾矿库的运营、管理单位应进行土壤污染状况监测和定期评估

4．根据《中华人民共和国土壤污染防治法》，下列关于土壤污染责任人义务的说法，错误的是（　　）。（2020 年考题）

A．土壤污染责任人负有实施土壤污染风险管控和修复的义务

B．国家鼓励和支持有关当事人自愿实施土壤污染风险管控和修复

C．土壤污染责任人无法认定的，土地使用权人应当实施土壤污染风险管控和修复

D．地方人民政府及其有关部门可以根据实际情况组织实施土壤污染风险管控和修复，并承担相应费用

5．根据《中华人民共和国土壤污染防治法》，下列不属于土壤污染防治应当坚持的原则是（　　）。（2021 年考题）

A．预防为主、统筹规划　　B．保护优先、分类管理

C．风险管控、污染担责　　D．公众参与

6．根据《中华人民共和国土壤污染防治法》，下列说法中正确的是（　　）。

（2021 年考题）

A．土壤污染，是指因人为因素导致某种物质进入陆地表层土壤，引起土壤化学、物理、生物等方面特性的改变，影响土壤功能和有效利用，危害公众健康或者破坏生态环境的现象

B．土地所有者从事土地开发利用活动，企业事业单位和其他生产经营者从事生产经营活动，应当采取有效措施，防止、减少土壤污染，对所造成的土壤污染依法承担责任

C．国务院自然资源主管部门应当会同国务院生态环境、农业农村、住房城乡建设、水利、卫生健康、林业草原等主管部门建立土壤环境基础数据库，构建全国土壤环境信息平台，实行数据动态更新和信息共享

D．地方各级人民政府生态环境主管部门应当对本行政区域土壤污染防治和安全利用负责

7．根据《中华人民共和国土壤污染防治法》，下列关于土壤环境预防和保护的说法，错误的是（　　）。（2021 年考题）

A．各类涉及土地利用的规划应当依法进行环境影响评价

B．各类建设项目环境影响评价文件应当包括对土壤可能造成的不良影响及应当采取的相应预防措施等内容

C．设区的市级以上地方人民政府生态环境主管部门应当定期对土壤污染重点监管单位周边土壤进行监测

D．土壤污染重点监管单位应当建立土壤污染隐患排查制度

8．根据《中华人民共和国土壤污染防治法》，下列关于尾矿库土壤污染防治的说法，错误的是（　　）。（2021 年考题）

A．尾矿库运营、管理单位应当按照规定，加强尾矿库的安全管理，采取措施防止土壤污染

B．尾矿库运营、管理单位应当按照规定，进行土壤污染状况监测和定期评估

C．地方人民政府安全生产监督管理部门应当监督尾矿库运营、管理单位履行防治土壤污染的法定义务，防止其发生可能污染土壤的事故

D．地方人民政府生态环境主管部门应当加强对尾矿库土壤污染防治情况的监督检查和定期评估

9．根据《中华人民共和国土壤污染防治法》，下列关于农用地土壤污染防治的说法，错误的是（　　）。（2021 年考题）

A．有土壤污染风险的农用地地块，地方人民政府农业农村、林业草原主管部门应当会同生态环境、自然资源主管部门进行土壤污染状况调查

B．对产出的农产品污染物含量超标，需要实施修复的农用地地块，土壤污染责任

人应当编制修复方案

C．对安全利用类农用地地块，地方人民政府农业农村、林业草原主管部门，应当制定安全利用方案

D．禁止向农用地排放重金属或者含有其他有毒有害物质的污水

10．根据《中华人民共和国土壤污染防治法》，下列关于土壤污染状况调查的说法，错误的是（　　）。（2021 年考题）

A．实施土壤污染状况调查活动，应当编制土壤污染状况调查报告

B．土壤污染状况调查报告应当主要包括地块基本信息、污染类型、污染来源以及地下水是否受到污染等内容

C．土壤污染重点监管单位生产经营用地的用途变更或者在其土地使用权收回、转让前，应当由土地使用权人按照规定进行土壤污染状况调查

D．从事土壤污染状况调查的单位，应当具备相应的专业能力

11．根据《中华人民共和国土壤污染防治法》，下列关于永久基本农田土壤污染防治的说法，错误的是（　　）。（2021 年考题）

A．县级以上地方人民政府应当依法将符合条件的优先保护类耕地划为永久基本农田

B．永久基本农田应实行严格保护

C．在永久基本农田集中区域，严格控制建设可能造成土壤污染的建设项目

D．在永久基本农田集中区域，已经建成的可能造成土壤污染的建设项目应当限期关闭拆除

12．根据《中华人民共和国土壤污染防治法》，下列关于建设用地用途变更的说法，正确的是（　　）。（2021 年考题）

A．用途变更为住宅用地的，变更前应当按照规定进行土壤污染状况调查

B．用途变更为住宅用地的，土壤污染状况调查报告应由地方人民政府生态环境主管部门组织评审

C．列入建设用地土壤污染风险管控和修复名录的地块，可以有条件作为公共管理用地

D．工业企业生产经营用地的用途变更前，应当由土地使用权人按照规定进行土壤污染状况调查

13．根据《中华人民共和国土壤污染防治法》，土壤污染是指因（　　）进入陆地表层土壤，引起土壤化学、物理、生物等方面特性的改变，影响土壤功能和有效利用，危害公众健康或者破坏生态环境的现象。（2022 年考题）

A．地震导致多种物质　　B．洪水导致某种物质

C．自然因素导致多种物质　　D．人为因素导致某种物质

14．根据《中华人民共和国土壤污染防治法》，下列属于应重点监测建设用地的地块是（　　）。（2022 年考题）

A．用于或者曾用于农业规模化养殖的地块

B．曾用于使用、回收有毒有害物质的地块

C．有毒有害物质利用、处置设施周边的地块

D．有毒有害物质生产、贮存设施周边的地块

15．根据《中华人民共和国土壤污染防治法》，矿产资源开发运营单位应进行土壤污染状况定期评估的对象不包括（　　）。（2022 年考题）

A．病库　　B．危库　　C．险库　　D．工业场地

16．根据《中华人民共和国土壤污染防治法》，防止土壤污染应采取的措施不包括（　　）。（2022 年考题）

A．应统筹规划，建设城乡生活垃圾处置设施

B．应统筹规划、建设城乡生活污水处理设施

C．应定期对设施农业生产用地周边土壤进行监测

D．应定期对固体废物处置设施周边土壤进行监测

17．根据《中华人民共和国土壤污染防治法》，下列关于相关行业企业布局选址规定的说法，正确的是（　　）。（2022 年考题）

A．禁止在医院周边扩建游乐设施

B．禁止在居民区周边新建大型超市

C．禁止在养老院周边扩建蔬菜大棚

D．禁止在学校周边改建电镀厂

18．根据《中华人民共和国土壤污染防治法》，下列关于实施风险管控、修复活动和修复施工单位管理的说法，错误的是（　　）。（2022 年考题）

A．实施风险管控活动，不得对土壤和周边环境造成新的污染

B．实施风险修复活动，应当因地制宜，提高针对性和有效性

C．修复施工单位实施转运污染土壤工作时，应至少将转运计划上报至接收地生态环境主管部门

D．转运的污染土壤属于危险废物的，修复施工单位应依法依规处置

19．根据《中华人民共和国土壤污染防治法》，下列关于污水集中处理设施、固体废物处置设施防止土壤污染的有关规定的说法，错误的是（　　）。（2023 年考题）

A．污水集中处理设施运营单位采取相应改进措施

B．固体废物处置设施运营单位采取相应改进措施

C．城乡生活污水处理设施主管部门应当定期对处理设施周边土壤进行监测

D．地方人民政府生态环境主管部门应当定期对处理设施周边土壤进行监测

20．根据《中华人民共和国土壤污染防治法》，土壤污染防治应当坚持的原则是（　　）。（2023 年考题）

A．预防为主、保护优先、风险管控、污染担责

B．分类管控、风险管理、污染担责、公众参与

C．预防优先、保护为主、风险管控、污染担责

D．预防为主、统筹规划、风险管控、污染担责

21．根据《中华人民共和国土壤污染防治法》，下列关于矿产资源开发区域土壤污染防治的监督管理要求，正确的是（　　）。（2023 年考题）

A．按照相关标准和总量控制要求，严格控制可能造成土壤污染的重点污染物的排放

B．排土场运营、管理单位应当进行土壤污染状况监测和定期评估

C．危库管理单位应当定期进行土壤污染风险评估，编制风险评估报告

D．尾矿库的运营、管理单位应当按照规定，进行土壤污染状况监测和定期评估

22．根据《中华人民共和国土壤污染防治法》，禁止向农用地排放（　　）。（2023 年考题）

A．有毒物质含量超标的污泥

B．重金属或者其他含有毒有害物质的污水

C．清淤底泥、尾矿、矿渣

D．污水、污泥

23．根据《中华人民共和国土壤污染防治法》，下列关于尾矿库土壤污染防治管理的规定，正确的是（　　）。（2024 年考题）

A．依托使用尾矿库的单位，应当进行土壤污染状况监测

B．依托使用尾矿库的单位，应当进行土壤污染状况定期评估

C．尾矿库运营、管理单位，应当安装土壤污染自动监测设备

D．危库的运营、管理单位，应当按照规定进行土壤污染状况监测和定期评估

24．某列入土壤污染重点监管的固废处置单位周边土壤监测结果超标，根据《中华人民共和国土壤污染防治法》，下列不属于该单位应当履行的义务是（　　）。（2024 年考题）

A．应采取相应改进措施　　B．应制定、实施自行监测方案

C．应建立土壤隐患排查制度　　D．应立即开展土壤污染修复

25．根据《中华人民共和国土壤污染防治法》，下列关于土壤污染风险管控和修复的规定，正确的是（　　）。（2024 年考题）

A．土壤污染修复活动产生的废水，应当就近排放

B．土壤污染修复完成后，应当设立公告牌公开相关情况

C．实施风险管控效果评估活动，应当编制效果评估报告

D．转运属于危险废物的污染土壤，应就近依托生活垃圾焚烧设施处置

26．根据《中华人民共和国土壤污染防治法》，下列关于实施风险管控、修复活动和修复施工单位管理的说法，正确的是（　　）。（2024 年考题）

A．转运污染土壤的，应当制定转运计划

B．转运污染土壤的，应当制定应急预案

C．转运污染土壤的，应当将运输时间、方式、线路报交通运输主管部门

D．污染土壤转运完成后，应将转运数量、去向报生态环境主管部门备案

27．根据《中华人民共和国土壤污染防治法》，下列关于永久基本农田集中区域建设项目管理的规定，正确的是（　　）。（2024 年考题）

A．严格控制新建可能造成土壤污染的建设项目

B．严格控制新建建设项目

C．已经建成的可能造成土壤污染的建设项目，应当限期关闭拆除

D．已经建成的可能造成土壤污染的建设项目，应当限期整改提升

二、不定项选择题

1．根据《中华人民共和国土壤污染防治法》，土壤污染防治应当坚持的原则包括（　　）。（2020 年考题）

A．保护优先　　B．分区管理　　C．风险管控　　D．公众参与

2．根据《中华人民共和国土壤污染防治法》，地方人民政府生态环境主管部门应当会同自然资源主管部门对（　　）建设用地地块进行重点监测。（2021 年考题）

A．曾用于铁路枢纽建设的　　B．曾用于固体废物填埋的

C．曾发生过特大污染事故的　　D．曾用于城市建设用地的

3．根据《中华人民共和国土壤污染防治法》，下列关于效果评估报告的说法，正确的有（　　）。（2021 年考题）

A．实施风险管控效果评估、修复效果评估活动，应当编制效果评估报告

B．效果评估报告应当主要包括是否达到土壤污染风险评估报告确定的风险管控、修复目标等内容

C．农用地效果评估报告应报地方人民政府农业农村、生态环境主管部门备案

D．从事土壤风险管控效果评估的单位，应当具备相应的专业能力，并对其出具的效果评估报告的真实性、准确性、完整性负责

4．根据《中华人民共和国土壤污染防治法》，下列关于风险管控和修复的说法，错误的有（　　）。（2021 年考题）

A. 实施修复活动中产生的废水、废气和固体废物，应当按照规定进行处理、处置，并达到相关环境保护标准

B. 修复施工期间，应当设立公告牌，公开相关情况和环境保护措施

C. 修复施工单位转运污染土壤的，应当制定转运计划，转运工作完成后及时报所在地和接收地生态环境主管部门备案

D. 实施风险管控、修复活动前，地方人民政府有关部门有权根据实际情况，要求修复施工单位采取移除污染源、防止污染扩散等措施

5. 根据《中华人民共和国土壤污染防治法》，排放有毒有害的单位和个人，应当采取有效措施，避免土壤受到污染的防治措施包括（　　）。（2022年考题）

A. 采取先进技术提产　　B. 使用先进设备提高效率

C. 防止有毒有害物质流失　　D. 防止有毒有害物质渗漏

6. 根据《中华人民共和国土壤污染防治法》，下列关于永久基本农田保护的说法，错误的有（　　）。（2022年考题）

A. 县级以上地方人民政府应依法将严格管控类耕地划为永久基本农田

B. 县级以上地方人民政府应依法将安全利用类耕地划为永久基本农田

C. 在永久基本农田集中区域，不得新建可能造成土壤污染的建设项目

D. 在永久基本农田集中区域，应当削减已有污染土壤企业的排污总量

7. 根据《中华人民共和国土壤污染防治法》，修复施工单位污染土壤转运计划内容不包括（　　）。（2023年考题）

A. 运输时间　　B. 运输线路

C. 运输方式　　D. 运输内容

8. 根据《中华人民共和国土壤污染防治法》，地方人民政府生态环境主管部门应当会同自然资源主管部门进行重点监测的建设用地地块是（　　）。（2023年考题）

A. 曾发生过重大污染事故的

B. 曾发生过特大污染事故的

C. 曾用于生产有毒有害物质的

D. 曾用于堆放固体废物的

9. 根据《中华人民共和国土壤污染防治法》，土壤污染风险管控和修复活动包括（　　）。（2024年考题）

A. 土壤污染状况调查　　B. 土壤污染风险评估

C. 土壤风险管控效果评估　　D. 土壤管控报告评价

10. 根据《中华人民共和国土壤污染防治法》，下列关于土壤污染责任人义务有关规定的说法，正确的有（　　）。（2024年考题）

A．土壤污染责任人承担实施土壤污染调查和修复费用

B．土壤污染责任人负有实施土壤污染风险管控和修复的义务

C．农用地土壤污染责任人不明确的，由自然资源主管部门认定

D．土壤污染责任人变更的，由变更后承继其债权、债务的单位或个人履行相关土壤污染风险管控和修复义务

参考答案

一、单项选择题

1．A 【解析】第三条："土壤污染防治应当坚持预防为主、保护优先、分类管理、风险管控、污染担责、公众参与的原则。"

2．A 【解析】第十七条："地方人民政府生态环境主管部门应当会同自然资源主管部门对下列建设用地地块进行重点监测：（一）曾用于生产、使用、贮存、回收、处置有毒有害物质的；（二）曾用于固体废物堆放、填埋的；（三）曾发生过重大、特大污染事故的；（四）国务院生态环境、自然资源主管部门规定的其他情形。"

3．A 【解析】第二十三条："各级人民政府生态环境、自然资源主管部门应当依法加强对矿产资源开发区域土壤污染防治的监督管理，按照相关标准和总量控制的要求，严格控制可能造成土壤污染的重点污染物排放。尾矿库运营、管理单位应当按照规定，加强尾矿库的安全管理，采取措施防止土壤污染。危库、险库、病库以及其他需要重点监管的尾矿库的运营、管理单位应当按照规定，进行土壤污染状况监测和定期评估。"

4．D 【解析】第四十五条："土壤污染责任人负有实施土壤污染风险管控和修复的义务。土壤污染责任人无法认定的，土地使用权人应当实施土壤污染风险管控和修复。地方人民政府及其有关部门可以根据实际情况组织实施土壤污染风险管控和修复。国家鼓励和支持有关当事人自愿实施土壤污染风险管控和修复。"第四十六条："因实施或者组织实施土壤污染状况调查和土壤污染风险评估、风险管控、修复、风险管控效果评估、修复效果评估、后期管理等活动所支出的费用，由土壤污染责任人承担。"

5．A 【解析】第三条："土壤污染防治应当坚持预防为主、保护优先、分类管理、风险管控、污染担责、公众参与的原则。"

6．A 【解析】B 选项的正确说法是：土地使用权人从事……；C 选项的正确说法是：国务院生态环境主管部门应当会同国务院农业农村、自然资源……；D 选

项的正确说法是：地方各级人民政府应当对本行政区域土壤污染防治和安全利用负责。

7. B 【解析】B 选项的正确说法是：各类涉及土地利用的规划和可能造成土壤污染的建设项目，应当依法进行环境影响评价。环境影响评价文件应当包括对土壤可能造成的不良影响及应当采取的相应预防措施等内容。注意前提是可能造成土壤污染的建设项目。

8. B 【解析】B 选项的正确说法是：危库、险库、病库以及其他需要重点监管的尾矿库的运营、管理单位应当按照规定，进行土壤污染状况监测和定期评估。

9. D 【解析】D 选项的正确说法是：禁止向农用地排放重金属或者其他有毒有害物质含量超标的污水。注意前提是含量超标。

10. B 【解析】B 选项的正确说法是：土壤污染状况调查报告应当主要包括地块基本信息、污染物含量是否超过土壤污染风险管控标准等内容。污染物含量超过土壤污染风险管控标准的，土壤污染状况调查报告还应当包括污染类型、污染来源以及地下水是否受到污染等内容。注意后续包括内容的前提是污染物含量超过土壤污染风险管控标准。

11. C 【解析】C 选项的正确说法是：在永久基本农田集中区域，不得新建可能造成土壤污染的建设项目。

12. A 【解析】B 选项的正确说法是：由地方人民政府生态环境主管部门会同自然资源主管部门组织评审。C 选项的正确说法是：列入建设用地土壤污染风险管控和修复名录的地块，不得作为住宅、公共管理与公共服务用地。D 选项的正确说法是：土壤污染重点监管单位生产经营用地的用途变更前，应当由土地使用权人按照规定进行土壤污染状况调查。

13. D 【解析】第二条："土壤污染，是指因人为因素导致某种物质进入陆地表层土壤，引起土壤化学、物理、生物等方面特性的改变，影响土壤功能和有效利用，危害公众健康或者破坏生态环境的现象"。

14. B 【解析】第十七条："地方人民政府生态环境主管部门应当会同自然资源主管部门对下列建设用地地块进行重点监测：（一）曾用于生产、使用、贮存、回收、处置有毒有害物质的；（二）曾用于固体废物堆放、填埋的；（三）曾发生过重大、特大污染事故的；（四）国务院生态环境、自然资源主管部门规定的其他情形。"

15. D 【解析】第二十三条："危库、险库、病库以及其他需要重点监管的尾矿库的运营、管理单位应当按照规定，进行土壤污染状况监测和定期评估"。

16. C 【解析】第二十五条："地方人民政府生态环境主管部门应当定期对污水集中处理设施、固体废物处置设施周边土壤进行监测"；"地方各级人民政府应当统筹规划、建设城乡生活污水和生活垃圾处理、处置设施，并保障其正常运行，防止土壤污染”。C 未提到。

17．D 【解析】第三十二条：“禁止在居民区和学校、医院、疗养院、养老院等单位周边新建、改建、扩建可能造成土壤污染的建设项目”。

18．C 【解析】C 选项的正确说法是：修复施工单位转运污染土壤的，应当制定转运计划，将运输时间、方式、线路和污染土壤数量、去向、最终处置措施等，提前报所在地和接收地生态环境主管部门。

19．C 【解析】第二十五条：“地方人民政府生态环境主管部门应当定期对污水集中处理设施、固体废物处置设施周边土壤进行监测；对不符合法律法规和相关标准要求的，应当根据监测结果，要求污水集中处理设施、固体废物处置设施运营单位采取相应改进措施”。监测周边土壤的是地方人民政府生态环境主管部门。

20．A 【解析】第三条：“土壤污染防治应当坚持预防为主、保护优先、分类管理、风险管控、污染担责、公众参与的原则。”

21．A 【解析】第二十三条：“各级人民政府生态环境、自然资源主管部门应当依法加强对矿产资源开发区域土壤污染防治的监督管理，按照相关标准和总量控制的要求，严格控制可能造成土壤污染的重点污染物排放。尾矿库运营、管理单位应当按照规定，加强尾矿库的安全管理，采取措施防止土壤污染。危库、险库、病库以及其他需要重点监管的尾矿库的运营、管理单位应当按照规定，进行土壤污染状况监测和定期评估。”

22．A 【解析】第二十八条：“禁止向农用地排放重金属或者其他有毒有害物质含量超标的污水、污泥，以及可能造成土壤污染的清淤底泥、尾矿、矿渣等。”

23．D 【解析】第二十三条：“尾矿库运营、管理单位应当按照规定，加强尾矿库的安全管理，采取措施防止土壤污染。危库、险库、病库以及其他需要重点监管的尾矿库的运营、管理单位应当按照规定，进行土壤污染状况监测和定期评估。”

24．D 【解析】第二十一条：“土壤污染重点监管单位应当履行下列义务：（一）严格控制有毒有害物质排放，并按年度向生态环境主管部门报告排放情况；（二）建立土壤污染隐患排查制度，保证持续有效防止有毒有害物质渗漏、流失、扬散；（三）制定、实施自行监测方案，并将监测数据报生态环境主管部门。”第二十五条：“地方人民政府生态环境主管部门应当定期对污水集中处理设施、固体废物处置设施周边土壤进行监测；对不符合法律法规和相关标准要求的，应当根据监测结果，要求污水集中处理设施、固体废物处置设施运营单位采取相应改进措施。”第三十五条：“土壤污染风险管控和修复，包括土壤污染状况调查和土壤污染风险评估、风险管控、修复、风险管控效果评估、修复效果评估、后期管理等活动。”D 选项土壤污染修复并非需要立即开展的工作，还需开展前期的调查评估。

25．C 【解析】第四十条："实施风险管控、修复活动中产生的废水、废气和固体废物，应当按照规定进行处理、处置，并达到相关环境保护标准。修复施工期间，应当设立公告牌，公开相关情况和环境保护措施。"第四十一条："转运的污染土壤属于危险废物的，修复施工单位应当依照法律法规和相关标准的要求进行处置。"第四十二条："实施风险管控效果评估、修复效果评估活动，应当编制效果评估报告。"

26．A 【解析】第四十一条："修复施工单位转运污染土壤的，应当制定转运计划，将运输时间、方式、线路和污染土壤数量、去向、最终处置措施等，提前报所在地和接收地生态环境主管部门。"

27．C 【解析】第五十条："在永久基本农田集中区域，不得新建可能造成土壤污染的建设项目；已经建成的，应当限期关闭拆除。"

二、不定项选择题

1．ACD 【解析】第三条："土壤污染防治应当坚持预防为主、保护优先、分类管理、风险管控、污染担责、公众参与的原则。"

2．BC 【解析】第十七条："地方人民政府生态环境主管部门应当会同自然资源主管部门对下列建设用地地块进行重点监测：（一）曾用于生产、使用、贮存、回收、处置有毒有害物质的；（二）曾用于固体废物堆放、填埋的；（三）曾发生过重大、特大污染事故的；（四）国务院生态环境、自然资源主管部门规定的其他情形。"

3．ABD 【解析】C的正确说法是：效果评估报告报地方人民政府农业农村、林业草原主管部门备案。

4．CD 【解析】C选项的正确说法是第四十一条："修复施工单位转运污染土壤的，应当制定转运计划，将运输时间、方式、线路和污染土壤数量、去向、最终处置措施等，提前报所在地和接收地生态环境主管部门。"D选项的正确说法是第三十九条："实施风险管控、修复活动前，地方人民政府有关部门有权根据实际情况，要求土壤污染责任人、土地使用权人采取移除污染源、防止污染扩散等措施。"

5．CD 【解析】第十九条："生产、使用、贮存、运输、回收、处置、排放有毒有害物质的单位和个人，应当采取有效措施，防止有毒有害物质渗漏、流失、扬散，避免土壤受到污染。"

6．ABD 【解析】第五十条："县级以上地方人民政府应当依法将符合条件的优先保护类耕地划为永久基本农田，实行严格保护；在永久基本农田集中区域，不得新建可能造成土壤污染的建设项目；已经建成的，应当限期关闭拆除。"

7．ABC 【解析】第四十一条："修复施工单位转运污染土壤的，应当制定转运计划，将运输时间、方式、线路和污染土壤数量、去向、最终处置措施等，提前报所在地和接收地生态环境主管部门。”

8．ABCD 【解析】第十七条：“地方人民政府生态环境主管部门应当会同自然资源主管部门对下列建设用地地块进行重点监测：（一）曾用于生产、使用、贮存、回收、处置有毒有害物质的；（二）曾用于固体废物堆放、填埋的；（三）曾发生过重大、特大污染事故的；（四）国务院生态环境、自然资源主管部门规定的其他情形。”

9．ABC 【解析】第三十五条：“土壤污染风险管控和修复，包括土壤污染状况调查和土壤污染风险评估、风险管控、修复、风险管控效果评估、修复效果评估、后期管理等活动。”

10．ABD 【解析】第四十五条：“土壤污染责任人负有实施土壤污染风险管控和修复的义务。”第四十六条：“因实施或者组织实施土壤污染状况调查和土壤污染风险评估、风险管控、修复、风险管控效果评估、修复效果评估、后期管理等活动所支出的费用，由土壤污染责任人承担。”第四十七条：“土壤污染责任人变更的，由变更后承继其债权、债务的单位或者个人履行相关土壤污染风险管控和修复义务并承担相关费用。”第四十八条：“土壤污染责任人不明确或者存在争议的，农用地由地方人民政府农业农村、林业草原主管部门会同生态环境、自然资源主管部门认定，建设用地由地方人民政府生态环境主管部门会同自然资源主管部门认定。”

（六）《中华人民共和国海洋环境保护法》

编者注：《中华人民共和国海洋环境保护法》于2023年10月24日修订，因此在本书修编时仅保留了与修订后法律条文总体一致的题目，并结合法律修订情况对以往考题的部分文字进行了适当修改，请读者阅读时注意。

一、单项选择题

1. 根据《中华人民共和国海洋环境保护法》，下列区域可以新设工业排污口的是（ ）。（2021年考题）

A. 海洋自然保护地　　B. 重要渔业水域

C. 海水浴场　　D. 港口、码头水域

2. 根据《中华人民共和国海洋环境保护法》，下列关于海洋生态保护的说法，错误的是（ ）。（2022年考题）

A. 海水养殖应当合理施肥，不得使用药物

B. 引进海洋动植物物种，应当进行科学论证

C. 国家推广多种生态渔业生产方式

D. 禁止毁坏海岸防护设施、沿海城镇园林

3. 根据《中华人民共和国海洋环境保护法》，下列关于防治海岸工程建设项目对海洋环境污染损害的说法，正确的是（ ）。（2022年考题）

A. 禁止在沿海陆域新建不符合国家产业政策的化学制浆造纸项目

B. 允许在沿海陆域新建不具备有效治理措施的化学制浆造纸项目

C. 严格限制在沿海陆域新建不具备有效治理措施的化学制浆造纸项目

D. 严格控制在沿海陆域新建不具备有效治理措施的化学制浆造纸项目

4. 根据《中华人民共和国海洋环境保护法》，应当严格控制向海湾、半封闭海及其他自净能力较差的海域排放（ ）。（2023年考题）

A. 含有机物和营养物质的工业废水

B. 含有不易降解的有机物和重金属的废水

C. 含病原体的医疗污水

D. 油类、酸液、碱液、剧毒废液

5. 根据《中华人民共和国海洋环境保护法》，下列关于入海排污口设置的说法，错误的是（ ）。（2024年考题）

A. 禁止在自然保护地新设工业排污口

B．禁止在港区海域新设城镇污水处理厂排污口

C．禁止在重要渔业水域新设城镇污水处理厂排污口

D．在有条件的地区，排污口应深水设置、离岸排放

6．某海域实施疏浚，根据《中华人民共和国海洋环境保护法》，下列关于倾倒疏浚物污染防治的规定，错误的是（　　）。（2024 年考题）

A．应当就近倾倒

B．应当取得倾倒许可证

C．应当出具疏浚物成分检验报告

D．鼓励综合利用，避免或者减少海洋倾倒

二、不定项选择题

1. 根据《中华人民共和国海洋环境保护法》，禁止向海域排放的废水包括（　　）。（2022 年考题）

A．含热废水　　B．剧毒废液

C．含汞废水　　D．含有机物工业废水

2．根据《中华人民共和国海洋环境保护法》，海洋石油钻井船产生的废水废液经处理可以排海的有（　　）。（2023 年考题）

A．残油　　B．废油

C．含油污水　　D．油性混合物

3．根据《中华人民共和国海洋环境保护法》，开发利用海洋和海岸带资源，为维护生物多样性应当实施有效保护的对象包括（　　）。（2024 年考题）

A．大型海洋牧场　　B．重要海洋生态系统

C．重要海洋生物物种　　D．重要海洋生物遗传资源

参考答案

一、单项选择题

1．D　【解析】第四十八条：“禁止在自然保护地、重要渔业水域、海水浴场、生态保护红线区域及其他需要特别保护的区域，新设工业排污口和城镇污水处理厂排污口；法律、行政法规另有规定的除外。”

2．A　【解析】A 的正确说法是第四十五条：“从事海水养殖活动应当保护海域环境，科学确定养殖规模和养殖密度，合理投饵、投肥，正确使用药物，及时规范收集处理固体废物，防止造成海洋生态环境的损害。”

3．A 【解析】第六十三条："禁止在沿海陆域新建不符合国家产业政策的化学制浆造纸、化工、印染、制革、电镀、酿造、炼油、岸边冲滩拆船及其他严重污染海洋环境的生产项目。"

4．A 【解析】第五十三条："含有机物和营养物质的工业废水、生活污水，应当严格控制向海湾、半封闭海及其他自净能力较差的海域排放。"

5．B 【解析】第四十八条："禁止在自然保护地、重要渔业水域、海水浴场、生态保护红线区域及其他需要特别保护的区域，新设工业排污口和城镇污水处理厂排污口；法律、行政法规另有规定的除外。在有条件的地区，应当将排污口深水设置，实行离岸排放。"

6．A 【解析】第七十一条："任何个人和未经批准的单位，不得向中华人民共和国管辖海域倾倒任何废弃物。需要倾倒废弃物的，产生废弃物的单位应当向国务院生态环境主管部门海域派出机构提出书面申请，并出具废弃物特性和成分检验报告，取得倾倒许可证后，方可倾倒。国家鼓励疏浚物等废弃物的综合利用，避免或者减少海洋倾倒。"

二、不定项选择题

1．B 【解析】第五十一条："禁止向海域排放油类、酸液、碱液、剧毒废液。禁止向海域排放污染海洋环境、破坏海洋生态的放射性废水。严格控制向海域排放含有不易降解的有机物和重金属的废水。"

2．CD 【解析】第六十七条："海洋油气钻井平台（船）、生产生活平台、生产储卸装置等海洋油气装备的含油污水和油性混合物，应当经过处理达标后排放；残油、废油应当予以回收，不得排放入海。"

3．BCD 【解析】第三十六条："开发利用海洋和海岸带资源，应当对重要海洋生态系统、生物物种、生物遗传资源实施有效保护，维护海洋生物多样性。"

（七）《中华人民共和国放射性污染防治法》

一、单项选择题

1．根据《中华人民共和国放射性污染防治法》，下列关于放射性固体废物处置方式的说法，错误的是（　　）。（2020 年考题）

A．禁止在海洋上处置放射性固体废物

B．中水平放射性固体废物在符合国家规定的区域实行近地表处置

C．高放射性固体废物实行集中的深地质处置

D．α 放射性固体废物在符合国家规定的区域实行近地表处置

2．根据《中华人民共和国放射性污染防治法》，下列关于放射性废液的说法，错误的是（　　）。（2021 年考题）

A．产生放射性废液的单位，必须按照国家放射性污染防治标准的要求，对不得向环境排放的放射性废液进行处理或者贮存

B．禁止利用渗井、渗坑、天然裂隙、溶洞或者国家禁止的其他方式排放放射性废液

C．放射性废液排放，必须采用符合国务院生态环境主管部门规定的排放方式

D．向环境排放符合国家放射性污染防治标准的放射性废液，应当向省级生态环境主管部门申请放射性核素排放量，并定期报告排放计量结果

3．根据《中华人民共和国放射性污染防治法》，下列关于放射性固体废物处置的说法，错误的是（　　）。（2021 年考题）

A．低水平放射性固体废物在符合国家规定的区域实行近地表处置

B．中、高水平放射性固体废物实行集中的深地质处置

C．α 放射性固体废物依照前款规定处置

D．禁止在内河水域和海洋上处置放射性固体废物

4．根据《中华人民共和国放射性污染防治法》，下列关于开发利用伴生放射性矿进行环境影响评价的说法，正确的是（　　）。（2022 年考题）

A．应在申领采矿许可证前编制环境影响报告表

B．应在申领采矿许可证后编制环境影响报告表

C．应在申领采矿许可证前编制环境影响报告书

D．应在申领采矿许可证后编制环境影响报告书

5．根据《中华人民共和国放射性污染防治法》，下列关于放射性固体废物处置方式的说法，错误的是（　　）。（2022 年考题）

A．α放射性固体废物实行集中的深地质处置

B．在海洋上处置放射性固体废物应进行深海排放

C．高水平放射性固体废物实行集中的深地质处置

D．低水平放射性固体废物在规定区域实行近地表处置

6．根据《中华人民共和国放射性污染防治法》，下列关于核设施环境影响评价说法，错误的是（　　）。（2023 年考题）

A．应在办理退役审批手续后，编制环境影响后评价报告书

B．应在申请领取核设施建造审批手续前，编制环境影响报告书

C．应在办理运行许可证审批手续前，编制环境影响报告书

D．应在办理退役审批手续前，编制环境影响报告书

7．根据《中华人民共和国放射性污染防治法》，本法不适用于（　　）。（2023 年考题）

A．中华人民共和国领域和管辖的其他海域在核设施选址、建造、运行、退役过程中发生的放射性污染的防治活动

B．中华人民共和国领域和管辖的其他海域在核技术、铀（钍）矿、伴生放射性矿开发利用过程中发生的放射性污染的防治活动

C．医疗放射源建造过程中发生的放射性污染的防治活动

D．含有较低水平天然放射性核素浓度的稀土矿

8．根据《中华人民共和国放射性污染防治法》，编制放射性固体废物处置场所选址规划应依据的条件是（　　）。（2024 年考题）

A．经济条件　　B．技术条件

C．地形条件　　D．地质条件

9．根据《中华人民共和国放射性污染防治法》，下列关于放射性固体废物处置方式的规定，错误的是（　　）。（2024 年考题）

A．禁止在内河水域和海洋上处置放射性固体废物

B．高水平放射性固体废物，实行集中的深地质处置

C．中水平放射性固体废物，实行集中的深地质处置

D．低水平放射性固体废物，在符合国家规定的区域实行近地表处置

二、不定项选择题

1．根据《中华人民共和国放射性污染防治法》，下列禁止排放放射性废液的行为，正确的有（　　）。（2021 年考题）

A．禁止利用水库排放　　B．禁止利用渗坑排放

C．禁止利用自然水体排放　　D．禁止利用天然裂隙排放

2．根据《中华人民共和国放射性污染防治法》，下列关于核设施进行环境影响

评价的说法，错误的有（　　）。（2022 年考题）

A．应在办理选址审批手续后编制环境影响报告书

B．应在办理退役审批手续后编制环境影响报告书

C．应在申领核设施建设许可证前编制环境影响报告书

D．应在申领核设施运行许可证前编制环境影响报告书

3．根据《中华人民共和国放射性污染防治法》，下列关于放射性固体废物的处置，正确的是（　　）。（2023 年考题）

A．禁止在内河水域处置放射性固体废物

B．α放射性固体废物实行集中的深地质处置

C．高水平放射性固体废物实行集中的深地质处置

D．中水平放射性固体废物实行集中的深地质处置

参考答案

一、单项选择题

1．D　【解析】第四十三条：“低、中水平放射性固体废物在符合国家规定的区域实行近地表处置。高水平放射性固体废物实行集中的深地质处置。α放射性固体废物依照前款规定处置。禁止在内河水域和海洋上处置放射性固体废物。”

2．D　【解析】D 选项正确的说法是应当向审批环境影响评价文件的生态环境主管部门申请。

3．B　【解析】第四十三条：“低、中水平放射性固体废物在符合国家规定的区域实行近地表处置。高水平放射性固体废物实行集中的深地质处置。α放射性固体废物依照前款规定处置。禁止在内河水域和海洋上处置放射性固体废物。”

4．C　【解析】第三十四条：“开发利用伴生放射性矿的单位，应当在申请领取采矿许可证前编制环境影响报告书，报省级以上人民政府环境保护行政主管部门审查批准”。

5．B　【解析】B 选项正确的说法是：禁止在内河水域和海洋上处置放射性固体废物。

6．A　【解析】第二十条：“核设施营运单位应当在申请领取核设施建造、运行许可证和办理退役审批手续前编制环境影响报告书，报国务院环境保护行政主管部门审查批准；未经批准，有关部门不得颁发许可证和办理批准文件。”

7．D 【解析】第六十二条：“（七）伴生放射性矿，是指含有较高水平天然放射性核素浓度的非铀矿（如稀土矿和磷酸盐矿等）。”

8．D　【解析】第四十四条：“国务院核设施主管部门会同国务院环境保护行

政主管部门根据地质条件和放射性固体废物处置的需要，在环境影响评价的基础上编制放射性固体废物处置场所选址规划，报国务院批准后实施。”

9．C　【解析】第四十三条：“低、中水平放射性固体废物在符合国家规定的区域实行近地表处置。高水平放射性固体废物实行集中的深地质处置。α放射性固体废物依照前款规定处置。禁止在内河水域和海洋上处置放射性固体废物。”

二、不定项选择题

1．BD　【解析】第四十二条：“禁止利用渗井、渗坑、天然裂隙、溶洞或者国家禁止的其他方式排放放射性废液。”

2．AB　【解析】第二十条：“核设施营运单位应当在申请领取核设施建造、运行许可证和办理退役审批手续前编制环境影响报告书，报环境保护行政主管部门审查批准。”

3．ABC　【解析】第四十三条：“低、中水平放射性固体废物在符合国家规定的区域实行近地表处置。高水平放射性固体废物实行集中的深地质处置。α放射性固体废物依照前款规定处置。禁止在内河水域和海洋上处置放射性固体废物。”

（八）《中华人民共和国清洁生产促进法》

一、单项选择题

1．根据《中华人民共和国清洁生产促进法》，下列不属于企业应当在技术改造过程中采取的清洁生产措施的是（　　）。（2020 年考题）

A．某铅锌冶炼企业更换除尘器破损布袋

B．某电镀企业有氰化电镀工艺改为无氰电镀工艺

C．某铅锌矿山对废水处理回用系统进行改造，使废水全部回用

D．某矿山开采企业引进先进采矿工艺减少粉尘排放量

2．根据《中华人民共和国清洁生产促进法》，下列关于清洁生产实施的说法，错误的是（　　）。（2021 年考题）

A．不得使用毒性大、危害严重的原料

B．禁止将有毒、有害废物用作肥料或者用于造田

C．企业应当对生产和服务过程中的资源消耗以及废物的产生情况进行监测，并根据需要对生产和服务实施清洁生产审核

D．禁止使用有毒、有害物质超过国家标准的装修材料

3．根据《中华人民共和国清洁生产促进法》，企业在进行技术改造时采取的污染防治技术应达到的标准或指标不包括（　　）。（2022 年考题）

A．环境质量标准

B．地方污染物排放标准

C．国家污染物排放标准

D．污染物排放总量控制指标

4．根据《中华人民共和国清洁生产促进法》，下列不属于清洁生产的是（　　）。（2023 年考题）

A．医疗器械厂通过洁净车间清洁验证

B．某化工企业采用低毒原料、替代高毒原料

C．某铅锌矿山对废水处理回用系统进行改造，使废水全部回用

D．某铜冶炼企业对生产过程中产生的废物和余热等进行综合利用

5．根据《中华人民共和国清洁生产促进法》，下列不属于清洁生产措施的是（　　）。（2024 年考题）

A．采用自动化设备，降低劳动强度

B．使用无铬钝化液替代含铬钝化液

C．增加中水处理措施，提高中水回用率

D．增加封闭投料系统，减少投料粉尘产生

参考答案

一、单项选择题

1．A

2．A　【解析】根据第二十七条，使用有毒、有害原料进行生产或者在生产中排放有毒、有害物质的企业，应当实施强制性清洁生产审核，并未禁止使用毒性大、危害严重的原料。

3．A　【解析】第十九条：“（四）采用能够达到国家或者地方规定的污染物排放标准和污染物排放总量控制指标的污染防治技术。”

4．A　【解析】第十九条：“企业在进行技术改造过程中，应当采取以下清洁生产措施：（一）采用无毒、无害或者低毒、低害的原料，替代毒性大、危害严重的原料；（二）采用资源利用率高、污染物产生量少的工艺和设备，替代资源利用率低、污染物产生量多的工艺和设备；（三）对生产过程中产生的废物、废水和余热等进行综合利用或者循环使用；（四）采用能够达到国家或者地方规定的污染物排放标准和污染物排放总量控制指标的污染防治技术。”

5．A　【解析】第十九条：“企业在进行技术改造过程中，应当采取以下清洁生产措施：（一）采用无毒、无害或者低毒、低害的原料，替代毒性大、危害严重的原料；（二）采用资源利用率高、污染物产生量少的工艺和设备，替代资源利用率低、污染物产生量多的工艺和设备；（三）对生产过程中产生的废物、废水和余热等进行综合利用或者循环使用；（四）采用能够达到国家或者地方规定的污染物排放标准和污染物排放总量控制指标的污染防治技术。”

（九）《中华人民共和国水法》

一、单项选择题

1. 根据《中华人民共和国水法》，下列关于水资源开发利用中生态环境保护的说法，正确的是（　　）。（2020 年考题）

A. 在湿润地区开发水资源，应当充分考虑生态环境用水需要

B. 开发、利用水资源，应当首先满足生活用水，兼顾农业、工业等用水需要

C. 开发、利用水资源，应当首先满足生活、生态环境用水，兼顾生产用水需要

D. 在干旱和半干旱地区开发、利用水资源，应当首先考虑生态环境用水需要

2. 根据《中华人民共和国水法》，下列关于水功能区的说法，正确的是（　　）。（2021 年考题）

A. 国家确定的重要江河、湖泊的水功能区划，应报国务院水行政主管部门批准

B. 跨省的其他江河、湖泊的水功能区划，应首先报有关省级水行政主管部门审查

C. 县级以上地方人民政府生态环境主管部门应当对水功能区的水质状况进行监测

D. 县级以上人民政府水行政主管部门或者流域管理机构应当按照水功能区对水质的要求和水体的自然净化能力，核定该水域的纳污能力

3. 根据《中华人民共和国水法》，下列关于水域保护的说法，正确的是（　　）。（2021 年考题）

A. 围垦河道前，应当经过科学论证，报所在地人民政府批准

B. 禁止围湖造地。已经围垦的，应当按照国家规定的防洪标准有计划地退地还湖

C. 国家实行河道采砂许可制度。河道采砂许可制度实施办法，由国务院水行政主管部门规定

D. 在河道管理范围内采砂，有关县级以上人民政府生态环境主管部门应当划定禁采区和规定禁采期

4. 根据《中华人民共和国水法》，水资源开发利用生态环境保护要求正确的是（　　）。（2022 年考题）

A. 应首先满足生态环境用水，并兼顾农业、工业等用水需要

B. 应首先满足城乡居民生活用水，并兼顾工业、生态环境等用水需要

C. 应首先满足工业用水，并兼顾城乡居民生活、生态环境等用水需要

D. 应首先满足工业和城乡居民生活用水，并充分考虑生态环境等用水需要

5. 根据《中华人民共和国水法》，下列在水生生物洄游通道建设的设施，属于

需要同时修建过鱼设施的是（　　）。（2022 年考题）

A．临时性施工围堰　　B．永久性拦河闸坝

C．临时性施工桥梁　　D．永久性通航设施

6．根据《中华人民共和国水法》，在干旱和半干旱地区开发、利用水资源，应当充分考虑（　　）。（2023 年考题）

A．城乡居民生活用水　　B．生态环境用水需要

C．农业环境用水需要　　D．工业环境用水需要

7．根据《中华人民共和国水法》，县级以上人民政府水行政主管部门或者流域管理机构应当按照（　　）核定水域纳污能力。（2023 年考题）

A．排污许可证的要求

B．水功能区对水质的要求或水体的自然净化能力

C．水功能区对水质的要求和水体的自然净化能力

D．流域综合规划、水资源保护规划和经济社会发展要求

8．某水资源不足地区拟编制国土空间规划，根据《中华人民共和国水法》，下列关于该规划中水资源开发利用的要求，正确的是（　　）。（2024 年考题）

A．应对城市结构进行控制　　B．应对城市功能加以限制

C．应对城市布局进行控制　　D．应对城市规模加以限制

9．根据《中华人民共和国水法》，下列关于水资源、水域的保护有关规定的说法，错误的是（　　）。（2024 年考题）

A．禁止在地下水超采地区开采地下水

B．禁止在禁采区和禁采期内在河道采砂

C．禁止在饮用水水源保护区内设置排污口

D．禁止在河道管理范围内从事影响河势稳定的活动

二、不定项选择题

1．根据《中华人民共和国水法》，下列关于水电站建设生态环境保护的要求，正确的有（　　）。（2020 年考题）

A．应当兼顾防洪的需要　　B．应当保护生态环境

C．应当兼顾水上旅游的需要　　D．应当兼顾竹木流放的需要

2．根据《中华人民共和国水法》，拟定国家确定的重要江河、湖泊的水功能区划时，应按照的依据有（　　）。（2021 年考题）

A．流域综合规划　　B．水资源保护规划

C．水资源开发利用规划　　D．经济社会发展要求

3．根据《中华人民共和国水法》，水资源开发利用中符合生态环境保护要求的

原则有（　　）。（2022 年考题）

A．以需定供原则　　B．节流优先原则

C．污水处理再利用原则　　D．开源与节流相结合原则

4．根据《中华人民共和国水法》，核定水域的纳污能力的依据包括（　　）。（2024 年考题）

A．社会经济发展的需求　　B．水体的自然净化能力

C．流域水污染控制能力　　D．水功能区对水质的要求

参考答案

一、单项选择题

1．B　【解析】第二十一条："开发、利用水资源，应当首先满足城乡居民生活用水，并兼顾农业、工业、生态环境用水以及航运等需要。在干旱和半干旱地区开发、利用水资源，应当充分考虑生态环境用水需要。"

2．D　【解析】A 选项正确的说法是：国家确定的重要江河、湖泊的水功能区划，报国务院批准。B 选项正确的说法是：跨省、自治区、直辖市的其他江河、湖泊的水功能区划，分别经有关省、自治区、直辖市人民政府审查提出意见后，由国务院水行政主管部门会同国务院生态环境主管部门审核，报国务院或者其授权的部门批准。C 选项正确的说法是：县级以上地方人民政府水行政主管部门和流域管理机构应当对水功能区的水质状况进行监测。

3．B　【解析】A 选项正确的说法是：禁止围垦河道。确需围垦的，应当经过科学论证，经省、自治区、直辖市人民政府水行政主管部门或者国务院水行政主管部门同意后，报本级人民政府批准。C 选项正确的说法是：河道采砂许可制度实施办法，由国务院规定。D 选项正确的说法是：在河道管理范围内采砂，影响河势稳定或者危及堤防安全的，有关县级以上人民政府水行政主管部门应当划定禁采区和规定禁采期，并予以公告。

4．B　【解析】第二十一条："开发、利用水资源，应当首先满足城乡居民生活用水，并兼顾农业、工业、生态环境用水以及航运等需要。在干旱和半干旱地区开发、利用水资源，应当充分考虑生态环境用水需要。"

5．B　【解析】第二十七条："国家鼓励开发、利用水运资源。在水生生物洄游通道、通航或者竹木流放的河流上修建永久性拦河闸坝，建设单位应当同时修建过鱼、过船、过木设施，或者经国务院授权的部门批准采取其他补救措施，并妥善安排施工和蓄水期间的水生生物保护、航运和竹木流放，所需费用由建设单位承担"。

6．B　【解析】第二十一条：“在干旱和半干旱地区开发、利用水资源，应当充分考虑生态环境用水需要。”

7．C　【解析】第三十二条：“县级以上人民政府水行政主管部门或者流域管理机构应当按照水功能区对水质的要求和水体的自然净化能力，核定该水域的纳污能力，向环境保护行政主管部门提出该水域的限制排污总量意见。”

8．D　【解析】第二十三条：“国民经济和社会发展规划以及城市总体规划的编制、重大建设项目的布局，应当与当地水资源条件和防洪要求相适应，并进行科学论证；在水资源不足的地区，应当对城市规模和建设耗水量大的工业、农业和服务业项目加以限制。”

9．A　【解析】第三十六条：“在地下水超采地区，县级以上地方人民政府应当采取措施，严格控制开采地下水。”

二、不定项选择题

1．ABD　【解析】第二十六条：“建设水力发电站，应当保护生态环境，兼顾防洪、供水、灌溉、航运、竹木流放和渔业等方面的需要。”

2．ABD　【解析】第三十二条：“国务院水行政主管部门会同国务院环境保护行政主管部门、有关部门和有关省、自治区、直辖市人民政府，按照流域综合规划、水资源保护规划和经济社会发展要求，拟定国家确定的重要江河、湖泊的水功能区划”。

3．BCD　【解析】第二十三条：“地方各级人民政府应当结合本地区水资源实际情况，按照地表水与地下水统一调度开发、开源与节流相结合、节流优先和污水处理再利用的原则，合理组织开发，综合利用水资源”。

4．BD　【解析】第三十二条：“县级以上人民政府水行政主管部门或者流域管理机构应当按照水功能区对水质的要求和水体的自然净化能力，核定该水域的纳污能力，向环境保护行政主管部门提出该水域的限制排污总量意见。”

（十）《中华人民共和国防沙治沙法》

一、单项选择题

1. 根据《中华人民共和国防沙治沙法》，下列关于沙化土地禁止开展的活动，错误的是（　　）。（2021 年考题）

A. 禁止在沙化土地上砍挖灌木、药材及其他固沙植物

B. 禁止在沙化土地范围内从事开发建设活动

C. 在沙化土地封禁保护区范围内，禁止一切破坏植被的活动

D. 禁止在沙化土地封禁保护区范围内安置移民

2. 根据《中华人民共和国防沙治沙法》，在沙化土地范围内从事开发建设活动的，必须事先就该项目可能对当地及相关地区生态产生的影响进行（　　）。（2022 年考题）

A. 预期评估　　B. 环境规划

C. 环境影响评价　　D. 生态专题评价

3. 根据《中华人民共和国防沙治沙法》，禁止在沙化土地封禁保护区实施的活动是（　　）。（2023 年考题）

A. 露天采矿　　B. 封沙育林

C. 迁出牧民　　D. 修建公路

4. 根据《中华人民共和国防沙治沙法》，下列关于沙化土地封禁保护区管理的规定，错误的是（　　）。（2024 年考题）

A. 禁止安置移民　　B. 禁止修建铁路

C. 禁止一切破坏植被的活动　　D. 农牧民应当有计划地组织迁出

参考答案

一、单项选择题

1. B　【解析】B 选项的正确说法是第二十一条：“在沙化土地范围内从事开发建设活动的，必须事先就该项目可能对当地及相关地区生态产生的影响进行环境影响评价，依法提交环境影响报告；环境影响报告应当包括有关防沙治沙的内容。”

2．C 【解析】第二十一条："在沙化土地范围内从事开发建设活动的，必须事先就该项目可能对当地及相关地区生态产生的影响进行环境影响评价，依法提交环境影响报告；环境影响报告应当包括有关防沙治沙的内容。"

3．A 【解析】第二十二条："在沙化土地封禁保护区范围内，禁止一切破坏植被的活动。禁止在沙化土地封禁保护区范围内安置移民。对沙化土地封禁保护区范围内的农牧民，县级以上地方人民政府应当有计划地组织迁出，并妥善安置。沙化土地封禁保护区范围内尚未迁出的农牧民的生产生活，由沙化土地封禁保护区主管部门妥善安排。未经国务院或者国务院指定的部门同意，不得在沙化土地封禁保护区范围内进行修建铁路、公路等建设活动。"

4．B 【解析】第二十二条："在沙化土地封禁保护区范围内，禁止一切破坏植被的活动。禁止在沙化土地封禁保护区范围内安置移民。对沙化土地封禁保护区范围内的农牧民，县级以上地方人民政府应当有计划地组织迁出，并妥善安置。沙化土地封禁保护区范围内尚未迁出的农牧民的生产生活，由沙化土地封禁保护区主管部门妥善安排。未经国务院或者国务院指定的部门同意，不得在沙化土地封禁保护区范围内进行修建铁路、公路等建设活动。"

（十一）《中华人民共和国草原法》

一、单项选择题

1. 根据《中华人民共和国草原法》，下列应当划为基本草原的是（　　）。（2022年考题）

A. 冬牧场

B. 人工草地

C. 草原教学试验基地

D. 对城市景观具有特殊作用的草地

2. 根据《中华人民共和国草原法》，下列应当划为基本草原的是（　　）。（2023年考题）

A. 人工草地　　B. 草种基地

C. 重要放牧场　　D. 退耕还草地

3. 根据《中华人民共和国草原法》，下列应当划为基本草原的是（　　）。（2024年考题）

A. 放牧场　　B. 人工草地

C. 退耕还草地　　D. 草原科研基地

参考答案

一、单项选择题

1. C　【解析】第四十二条："国家实行基本草原保护制度。下列草原应当划为基本草原，实施严格管理：（一）重要放牧场；（二）割草地；（三）用于畜牧业生产的人工草地、退耕还草地以及改良草地、草种基地；（四）对调节气候、涵养水源、保持水土、防风固沙具有特殊作用的草原；（五）作为国家重点保护野生动植物生存环境的草原；（六）草原科研、教学试验基地；（七）国务院规定应当划为基本草原的其他草原。基本草原的保护管理办法，由国务院制定。"

2. C　3. D

（十二）《中华人民共和国文物保护法》

一、单项选择题

1. 根据《中华人民共和国文物保护法》，下列关于在文物保护单位的保护范围及建设控制地带内进行相关活动的说法，错误的是（　　）。（2021 年考题）

A．文物保护单位的保护范围内不得进行其他建设工程或者爆破、钻探、挖掘等作业

B．因特殊情况需要在文物保护单位的保护范围内进行建设工程或者爆破、钻探、挖掘等作业的，必须经核定公布该文物保护单位的人民政府批准

C．在全国重点文物保护单位的保护范围内进行建设工程，必须经国务院文物行政部门同意

D．在文物保护单位的建设控制地带内进行建设工程，不得破坏文物保护单位的历史风貌

2. 根据《中华人民共和国文物保护法》，下列关于文物保护单位保护范围及建设控制地带管理的说法，错误的是（　　）。（2022 年考题）

A. 在文物保护单位的建设控制地带内进行建设工程，工程设计方案应经相应的文物行政部门同意

B．在文物保护单位建设控制地带内进行建设工程，不得破坏文物保护单位的历史风貌

C．在文物保护单位建设控制地带内，对已有的污染文物保护单位的设施，应限期拆除

D．确需在文物保护单位的保护范围内进行爆破作业的，必须保证文物单位的安全

3. 某重点工程项目无法避让不可移动的全国重点文物保护单位，根据《中华人民共和国文物保护法》，下列关于全国重点文物保护单位保护处置的要求，正确的是（　　）。（2024 年考题）

A．不得拆除

B．应实施原址保护，确定保护措施，报省级人民政府批准

C．无法实施原址保护的，应实施迁移异地保护，报省级人民政府批准

D．无法实施原址保护的，应实施迁移异地保护，报国务院文物行政部门批准

参考答案

一、单项选择题

1．C 【解析】C 的正确说法是：在全国重点文物保护单位的保护范围内进行其他建设工程或者爆破、钻探、挖掘等作业的，必须经省、自治区、直辖市人民政府批准，在批准前应当征得国务院文物行政部门同意。

2．C 【解析】第十七条：“文物保护单位的保护范围内不得进行其他建设工程或者爆破、钻探、挖掘等作业。但是，因特殊情况需要在文物保护单位的保护范围内进行其他建设工程或者爆破、钻探、挖掘等作业的，必须保证文物保护单位的安全，并经核定公布该文物保护单位的人民政府批准，在批准前应当征得上一级人民政府文物行政部门同意；在全国重点文物保护单位的保护范围内进行其他建设工程或者爆破、钻探、挖掘等作业的，必须经省、自治区、直辖市人民政府批准，在批准前应当征得国务院文物行政部门同意。”第十八条：“在文物保护单位的建设控制地带内进行建设工程，不得破坏文物保护单位的历史风貌；工程设计方案应当根据文物保护单位的级别，经相应的文物行政部门同意后，报城乡建设规划部门批准”。第十九条：“在文物保护单位的保护范围和建设控制地带内，不得建设污染文物保护单位及其环境的设施，不得进行可能影响文物保护单位安全及其环境的活动。对已有的污染文物保护单位及其环境的设施，应当限期治理。”

3．A 【解析】第二十条：“建设工程选址，应当尽可能避开不可移动文物；因特殊情况不能避开的，对文物保护单位应当尽可能实施原址保护。实施原址保护的，建设单位应当事先确定保护措施，根据文物保护单位的级别报相应的文物行政部门批准；未经批准的，不得开工建设。无法实施原址保护，必须迁移异地保护或者拆除的，应当报省、自治区、直辖市人民政府批准；迁移或者拆除省级文物保护单位的，批准前须征得国务院文物行政部门同意。全国重点文物保护单位不得拆除；需要迁移的，须由省、自治区、直辖市人民政府报国务院批准。”

（十三）《中华人民共和国森林法》

一、单项选择题

1. 根据《中华人民共和国森林法》，下列关于禁止行为的说法，错误的是（　　）。（2021年考题）

A. 禁止向林地排放可能造成林地污染的清淤底泥

B. 禁止在幼林地放牧

C. 禁止向林地排放含重金属或者其他有毒有害物质的污水

D. 禁止擅自移动森林保护标志

2. 根据《中华人民共和国森林法》，森林保护的规定不包括（　　）。（2022年考题）

A. 禁止毁林开垦　　B. 禁止矿藏开采

C. 禁止毁林采土　　D. 禁止幼林地放牧

3. 根据《中华人民共和国森林法》，森林内禁止的行为不包括（　　）。（2023年考题）

A. 在幼林地放牧　　B. 在幼林地砍柴

C. 损坏森林保护标志　　D. 向林地排放清淤底泥

4. 根据《中华人民共和国森林法》，需要申请采伐许可证的行为是（　　）。（2024年考题）

A. 采伐林地上的林木

B. 采伐自然保护区以外的竹林

C. 农民采伐自留地私人所有的零星林木

D. 农民采伐房前屋后私人所有的零星林木

二、不定项选择题

1. 根据《中华人民共和国森林法》，下列关于禁止毁林开垦、开采行为的说法，正确的是（　　）。（2020年考题）

A. 禁止在幼林地内砍柴　　B. 禁止在特种用途林内放牧

C. 禁止毁林采石、采砂、采土　　D. 禁止移动森林保护标志

参考答案

一、单项选择题

1．C 【解析】C 选项的正确说法是：禁止向林地排放重金属或者其他有毒有害物质含量超标的污水。注意前提条件是“含量超标”。

2．B 【解析】第三十九条：“禁止毁林开垦、采石、采砂、采土以及其他毁坏林木和林地的行为。禁止向林地排放重金属或者其他有毒有害物质含量超标的污水、污泥，以及可能造成林地污染的清淤底泥、尾矿、矿渣等。禁止在幼林地砍柴、毁苗、放牧。禁止擅自移动或者损坏森林保护标志。”

3．D 【解析】第三十九条：“禁止毁林开垦、采石、采砂、采土以及其他毁坏林木和林地的行为。禁止向林地排放重金属或者其他有毒有害物质含量超标的污水、污泥，以及可能造成林地污染的清淤底泥、尾矿、矿渣等。禁止在幼林地砍柴、毁苗、放牧。禁止擅自移动或者损坏森林保护标志。”

4．A 【解析】第五十六条：“采伐林地上的林木应当申请采伐许可证，并按照采伐许可证的规定进行采伐；采伐自然保护区以外的竹林，不需要申请采伐许可证，但应当符合林木采伐技术规程。农村居民采伐自留地和房前屋后个人所有的零星林木，不需要申请采伐许可证。”

二、不定项选择题

1．AC 【解析】第三十九条：“禁止毁林开垦、采石、采砂、采土以及其他毁坏林木和林地的行为。禁止向林地排放重金属或者其他有毒有害物质含量超标的污水、污泥，以及可能造成林地污染的清淤底泥、尾矿、矿渣等。禁止在幼林地砍柴、毁苗、放牧。禁止擅自移动或者损坏森林保护标志。”

（十四）《中华人民共和国渔业法》

一、单项选择题

1．《中华人民共和国渔业法》不适用于（　　）。（2022 年考题）

A．领海养殖　　　　B．内水养殖

C．池塘养殖　　　　D．专属经济区捕鱼

2．《中华人民共和国渔业法》适用范围不包括（　　）。（2023 年考题）

A．在中华人民共和国的内水从事养殖水生植物

B．在中华人民共和国的滩涂从事研究野生水生植物

C．在中华人民共和国的专属经济区从事捕捞水生植物

D．在中华人民共和国管辖的一切其他海域从事捕捞水生动物

3．根据《中华人民共和国渔业法》，禁止使用的网具是（　　）。（2024 年考题）

A．大于最小网目尺寸的网具　　　　B．大于最大网目尺寸的网具

C．小于最小网目尺寸的网具　　　　D．小于最大网目尺寸的网具

参考答案

一、单项选择题

1．C　【解析】第二条：“在中华人民共和国的内水、滩涂、领海、专属经济区以及中华人民共和国管辖的一切其他海域从事养殖和捕捞水生动物、水生植物等渔业生产活动，都必须遵守本法。”

2．B

3．C　【解析】第三十条：“禁止使用小于最小网目尺寸的网具进行捕捞。”

（十五）《中华人民共和国矿产资源法》

一、单项选择题

1. 根据《中华人民共和国矿产资源法》，下列关于矿产资源开采环境保护的规定，错误的是（　　）。（2017 年考题）

A. 开采矿产资源，应当节约用地

B. 开采矿产资源，必须采用先进的开采方法和选矿工艺

C. 开采矿产资源，必须遵守有关环境保护法律规定，防止污染环境

D. 耕地、草原、林地因采矿受到破坏的，矿山企业应当因地制宜地采取复垦利用、植树种草或者其他利用措施

2. 根据《中华人民共和国矿产资源法》，下列关于矿产资源开采的环境保护的规定，错误的是（　　）。（2018 年考题）

A. 非经省、自治区、直辖市人民政府批准，不得压覆重要矿床

B. 在开采主要矿产的同时，对具有工业价值的共生和伴生矿产应当统一规划，综合开采，综合利用，防止浪费

C. 耕地、草原、林地、因采矿受到破坏的，矿山企业应当因地制宜地采取复垦利用、植树种草或者其他利用措施

D. 对暂时不能综合开采或者必须同时采出而暂时还不能综合利用的矿产以及含有有用组分的尾矿，应当采取有效的保护措施，防止损失破坏

参考答案

一、单项选择题

1. B

2. A 【解析】第三十三条：“非经国务院授权的部门批准，不得压覆重要矿床。”

（十六）《中华人民共和国土地管理法》

一、单项选择题

1．根据《中华人民共和国土地管理法》，下列关于土地用途管制的说法，错误的是（　　）。（2020年考题）

A．农用地是指直接用于农业生产的土地

B．严格限制农用地转为建设用地，控制建设用地总量，对农用地实行特殊保护

C．使用土地的单位和个人必须严格按照土地利用总体规划确定的用途使用土地

D．农用地包括养殖水面

2．根据《中华人民共和国土地管理法》，下列土地利用总体规划确定的耕地中，不属于应当划入永久基本农田的是（　　）。（2020年考题）

A．蔬菜生产基地　　B．农业科研试验田

C．农业教学试验田　　D．有良好的水土保持设施的耕地

3．根据《中华人民共和国土地管理法》，下列关于耕地保护的说法，错误的是（　　）。（2021年考题）

A．国家严格控制耕地转为非耕地

B．国家实行占用耕地补偿制度

C．非农业建设经批准占用耕地的，按照“占多少，垦多少”的原则，由省、自治区、直辖市人民政府组织开垦与所占用耕地的数量和质量相当的耕地

D．省、自治区、直辖市人民政府应当严格执行土地利用总体规划和土地利用年度计划，采取措施，确保本行政区域内耕地总量不减少、质量不降低

4．根据《中华人民共和国土地管理法》，下列行为中属于禁止占用耕地的是（　　）。（2021年考题）

A．建设化工厂　　B．建坟

C．发展林果业　　D．挖塘养鱼

5．根据《中华人民共和国土地管理法》，占用耕地单位保护耕地的做法不包括（　　）。（2022年考题）

A．开垦与所占用耕地的数量和质量相当的耕地

B．因没有条件开垦的，按照规定缴纳耕地开垦费

C．制定开垦耕地计划，按照计划组织开垦耕地

D．将所占用耕地耕作层的土壤用于土壤的改良

6．根据《中华人民共和国土地管理法》，国家实行特殊保护的土地类型是（　　）。（2024 年考题）

A．耕地　　B．军事设施用地

C．城镇住宅用地　　D．交通建设设施用地

二、不定项选择题

1．根据《中华人民共和国土地管理法》，下列关于保护耕地和占用耕地补偿制度的说法，正确的是（　　）。（2020 年考题）

A．国家保护农用地，严格控制农用地转为非耕地

B．非农业建设经批准占用耕地的，按照“占多少，垦多少”的原则，由占用耕地的单位负责开垦与所占用耕地的数量和质量相当的耕地

C．省、自治区、直辖市人民政府应当制定开垦耕地计划，监督占用耕地的单位按照计划开垦耕地或者按照计划组织开垦耕地，并进行验收

D．没有条件开垦或者开垦的耕地不符合要求的，应当按照省、自治区、直辖市的规定缴纳耕地开垦费，专款用于开垦新的耕地

2．根据《中华人民共和国土地管理法》，下列应当根据土地利用总体规划划为永久基本农田，实行严格保护的有（　　）。（2021 年考题）

A．主要粮食产区内的耕地　　B．蔬菜生产基地

C．重要经济作物生产基地　　D．农业科研、教学试验田

3．根据《中华人民共和国土地管理法》，下列关于永久基本农田的说法，正确的是（　　）。（2022 年考题）

A．有良好的水利与水土保持设施的中产田应划为基本农田

B．有良好的水利与水土保持设施的低产田应划为基本农田

C．划定的基本农田一般应当占本行政区域内耕地的百分之八十以上

D．永久基本农田经依法划定后，任何单位和个人不得擅自改变其用途

4．根据《中华人民共和国土地管理法》，应划为永久基本农田的土地是（　　）。（2023 年考题）

A．蔬菜生产基地

B．已建成高标准农田

C．农业科研、教学试验田

D．正在实施改造计划的未利用地

5．根据《中华人民共和国土地管理法》，为了公共利益的需要，可以征收农民集体所有的土地的情形包括（　　）。（2024 年考题）

A．军事和外交需要用地的

B．商业房地产开发建设需要用地的

C．由政府组织实施的社会福利事业需要用地的

D．由政府组织实施的交通基础设施建设需要用地的

参考答案

一、单项选择题

1．B 【解析】第四条：“国家实行土地用途管制制度。国家编制土地利用总体规划，规定土地用途，将土地分为农用地、建设用地和未利用地。严格限制农用地转为建设用地，控制建设用地总量，对耕地实行特殊保护。前款所称农用地是指直接用于农业生产的土地，包括耕地、林地、草地、农田水利用地、养殖水面等；建设用地是指建造建筑物、构筑物的土地，包括城乡住宅和公共设施用地、工矿用地、交通水利设施用地、旅游用地、军事设施用地等；未利用地是指农用地和建设用地以外的土地。使用土地的单位和个人必须严格按照土地利用总体规划确定的用途使用土地。”

2．D 【解析】第三十三条：“国家实行永久基本农田保护制度。下列耕地应当根据土地利用总体规划划为永久基本农田，实行严格保护：（一）经国务院农业农村主管部门或者县级以上地方人民政府批准确定的粮、棉、油、糖等重要农产品生产基地内的耕地；（二）有良好的水利与水土保持设施的耕地，正在实施改造计划以及可以改造的中、低产田和已建成的高标准农田；（三）蔬菜生产基地；（四）农业科研、教学试验田；（五）国务院规定应当划为永久基本农田的其他耕地。”

3．C 【解析】C选项的正确说法是：由占用耕地的单位负责开垦与所占用耕地的数量和质量相当的耕地。

4．B 【解析】第三十七条：“禁止占用耕地建窑、建坟或者擅自在耕地上建房、挖砂、采石、采矿、取土等。禁止占用永久基本农田发展林果业和挖塘养鱼。”

5．C 【解析】第三十条：“国家实行占用耕地补偿制度。非农业建设经批准占用耕地的，按照‘占多少，垦多少’的原则，由占用耕地的单位负责开垦与所占用耕地的数量和质量相当的耕地；没有条件开垦或者开垦的耕地不符合要求的，应当按照省、自治区、直辖市的规定缴纳耕地开垦费，专款用于开垦新的耕地。

省、自治区、直辖市人民政府应当制定开垦耕地计划，监督占用耕地的单位按照计划开垦耕地或者按照计划组织开垦耕地，并进行验收”。

第三十一条：“县级以上地方人民政府可以要求占用耕地的单位将所占用耕地耕作层的土壤用于新开垦耕地、劣质地或者其他耕地的土壤改良。”

6. A 【解析】第四条："国家实行土地用途管制制度。国家编制土地利用总体规划，规定土地用途，将土地分为农用地、建设用地和未利用地。严格限制农用地转为建设用地，控制建设用地总量，对耕地实行特殊保护。"

二、不定项选择题

1. BCD 【解析】第三十条："国家保护耕地，严格控制耕地转为非耕地。国家实行占用耕地补偿制度。非农业建设经批准占用耕地的，按照'占多少，垦多少'的原则，由占用耕地的单位负责开垦与所占用耕地的数量和质量相当的耕地；没有条件开垦或者开垦的耕地不符合要求的，应当按照省、自治区、直辖市的规定缴纳耕地开垦费，专款用于开垦新的耕地。省、自治区、直辖市人民政府应当制定开垦耕地计划，监督占用耕地的单位按照计划开垦耕地或者按照计划组织开垦耕地，并进行验收。"

2. BD 【解析】第三十三条："国家实行永久基本农田保护制度。下列耕地应当根据土地利用总体规划划为永久基本农田，实行严格保护：（一）经国务院农业农村主管部门或者县级以上地方人民政府批准确定的粮、棉、油、糖等重要农产品生产基地内的耕地；（二）有良好的水利与水土保持设施的耕地，正在实施改造计划以及可以改造的中、低产田和已建成的高标准农田；（三）蔬菜生产基地；（四）农业科研、教学试验田；（五）国务院规定应当划为永久基本农田的其他耕地。"

3. CD 【解析】第三十三条："国家实行永久基本农田保护制度。下列耕地应当根据土地利用总体规划划为永久基本农田，实行严格保护：（一）经国务院农业农村主管部门或者县级以上地方人民政府批准确定的粮、棉、油、糖等重要农产品生产基地内的耕地；（二）有良好的水利与水土保持设施的耕地，正在实施改造计划以及可以改造的中、低产田和已建成的高标准农田；（三）蔬菜生产基地；（四）农业科研、教学试验田；（五）国务院规定应当划为永久基本农田的其他耕地。各省、自治区、直辖市划定的永久基本农田一般应当占本行政区域内耕地的百分之八十以上，具体比例由国务院根据各省、自治区、直辖市耕地实际情况规定。"第三十五条："永久基本农田经依法划定后，任何单位和个人不得擅自占用或者改变其用途"。

4. ABC

5. ACD 【解析】第四十五条："为了公共利益的需要，有下列情形之一，确需征收农民集体所有的土地的，可以依法实施征收：（一）军事和外交需要用地的；（二）由政府组织实施的能源、交通、水利、通信、邮政等基础设施建设需要用地的；（三）由政府组织实施的科技、教育、文化、卫生、体育、生态环境和资源保护、防灾减灾、文物保护、社区综合服务、社会福利、市政公用、优抚安置、英烈保护等公共事业需要用地的；（四）由政府组织实施的扶贫搬迁、保障性安居工程建设需要用地的；（五）在土地利用总体规划确定的城镇建设用地范围内，经省级以上人民政府批准由县级以上地方人民政府组织实施的成片开发建设需要用地的；（六）法律规定为公共利益需要可以征收农民集体所有的土地的其他情形。”

（十七）《中华人民共和国野生动物保护法》

一、单项选择题

1．根据《中华人民共和国野生动物保护法》，对野生动物及其栖息地状况的调查、监测和评估不包括（　　）。（2023 年考题）

A．栖息地面积　　B．野外分布区域

C．人工繁育情况　　D．栖息地的人工威胁因素

2．根据《中华人民共和国野生动物保护法》，该法不适用于（　　）。（2024 年考题）

A．珍贵、濒危的陆生野生动物保护

B．珍贵、濒危的水生野生动物保护

C．具有重要生态价值的陆生野生动物保护

D．具有重要生态价值的水生野生动物保护

参考答案

一、单项选择题

1．D 【解析】第十一条："对野生动物及其栖息地状况的调查、监测和评估应当包括下列内容：（一）野生动物野外分布区域、种群数量及结构；（二）野生动物栖息地的面积、生态状况；（三）野生动物及其栖息地的主要威胁因素；（四）野生动物人工繁育情况等其他需要调查、监测和评估的内容。"

2．D 【解析】第二条："在中华人民共和国领域及管辖的其他海域，从事野生动物保护及相关活动，适用本法。本法规定保护的野生动物，是指珍贵、濒危的陆生、水生野生动物和有重要生态、科学、社会价值的陆生野生动物。珍贵、濒危的水生野生动物以外的其他水生野生动物的保护，适用《中华人民共和国渔业法》等有关法律的规定。"

（十八）《中华人民共和国河道管理条例》

一、单项选择题

1. 根据《中华人民共和国河道管理条例》，下列在河道管理范围内应禁止的行为中，说法错误的是（　　）。（2021年考题）

A. 禁止堆放污染水体的物体　　B. 禁止弃置淤泥

C. 禁止设置拦河渔具　　D. 禁止弃置泥土

2. 根据《中华人民共和国河道管理条例》，符合河道管理范围和堤防安全保护区管理规定的生产活动是（　　）。（2022年考题）

A. 在河道滩地修建围堤　　B. 在河道护堤内考古发掘

C. 在河道管理范围内弃置泥土　　D. 在堤防安全保护区存放物料

3. 根据《中华人民共和国河道管理条例》，在河道管理范围和堤防安全保护区内进行生产活动或排污的不属于禁止的是（　　）（2023年考题）

A. 在河道护堤地内晒粮　　B. 在河道滩地种植高秆农作物

C. 在堤防安全保护区内修建厂房　　D. 在河道管理范围内设置拦河渔具

4. 根据《中华人民共和国河道管理条例》，河道管理范围内可以进行的生产活动是（　　）（2024年考题）

A. 种植高粱类农作物　　B. 种植柑橘类经济果林

C. 种植西瓜等伏地瓜果　　D. 种植甘蔗等经济作物

二、不定项选择题

1. 某河道建有堤防工程，下列属于《中华人民共和国河道管理条例》禁止行为的有（　　）。（2020年考题）

A. 在河滩地种植芦苇　　B. 在护坡地种植玉米

C. 在河堤上晾晒粮食　　D. 在河滩地进行放牧

参考答案

一、单项选择题

1. B　【解析】根据第二十五条要求，弃置砂石或者淤泥属于必须报经河道主管机关批准的活动。A、C、D 选项属于第二十四条和三十五条规定禁止开展的活动。

2. D 【解析】第二十四条："在河道管理范围内，禁止修建围堤、阻水渠道、阻水道路；种植高秆农作物、芦苇、杞柳、荻柴和树木（堤防防护林除外）；设置拦河渔具；弃置矿渣、石渣、煤灰、泥土、垃圾等。在堤防和护堤地，禁止建房、放牧、开渠、打井、挖窖、葬坟、晒粮、存放物料、开采地下资源、进行考古发掘以及开展集市贸易活动。"

3. B 【解析】第二十四条："在河道管理范围内，禁止修建围堤、阻水渠道、阻水道路；种植高秆农作物、芦苇、杞柳、荻柴和树木（堤防防护林除外）；设置拦河渔具；弃置矿渣、石渣、煤灰、泥土、垃圾等。在堤防和护堤地，禁止建房、放牧、开渠、打井、挖窖、葬坟、晒粮、存放物料、开采地下资源、进行考古发掘以及开展集市贸易活动。"第二十六条："根据堤防的重要程度、堤基土质条件等，河道主管机关报经县级以上人民政府批准，可以在河道管理范围的相连地域划定堤防安全保护区。在堤防安全保护区内，禁止进行打井、钻探、爆破、挖筑鱼塘、采石、取土等危害堤防安全的活动。"

4. C 【解析】第二十四条："在河道管理范围内，禁止修建围堤、阻水渠道、阻水道路；种植高秆农作物、芦苇、杞柳、荻柴和树木（堤防防护林除外）；设置拦河渔具；弃置矿渣、石渣、煤灰、泥土、垃圾等。"A、D 高粱、甘蔗属于高秆农作物，B 柑橘类经济果林属于树木。

二、不定项选择题

1. ABC 【解析】第二十四条："在河道管理范围内，禁止修建围堤、阻水渠道、阻水道路；种植高秆农作物、芦苇、杞柳、荻柴和树木（堤防防护林除外）；设置拦河渔具；弃置矿渣、石渣、煤灰、泥土、垃圾等。在堤防和护堤地，禁止建房、放牧、开渠、打井、挖窖、葬坟、晒粮、存放物料、开采地下资源、进行考古发掘以及开展集市贸易活动。"

（十九）《中华人民共和国自然保护区条例》及相关文件

一、单项选择题

1. 根据《中华人民共和国自然保护区条例》，下列属于在实验区中禁止从事的是（　　）。（2020 年考题）

A. 驯化珍稀野生动物　　B. 采集草药

C. 科学试验　　D. 旅游

2. 根据《关于进一步加强涉及自然保护区开发建设活动监督管理的通知》，下列不符合加强对涉及自然保护区建设项目监督管理规定的是（　　）。（2016 年考题）

A. 地方各有关部门依据各自职责，切实加强涉及自然保护区建设项目的准入审查

B. 保护区管理机构要对项目建设进行全过程跟踪，全面开展环境监测，发现问题应当及时处理和报告

C. 确因重大基础设施建设和自然条件等因素限制无法避让自然保护区的，要严格执行环境影响评价制度

D. 对经批准同意在自然保护区内开展的建设项目，要加强对项目施工期和运营期的监督管理，确保各项生态保护措施落实到位

3. 根据《关于进一步加强涉及自然保护区开发建设活动监督管理的通知》，下列说法中，错误的是（　　）。（2017 年考题）

A. 建设项目选址（线）应尽可能避让自然保护区

B. 地方各有关部门依据各自职责，切实加强涉及自然保护区建设项目的准入审查

C. 对经批准同意在自然保护区内开展的建设项目，要加强对项目施工期和运行期的监督管理，确保各项生态保护措施落实到位

D. 建设项目选址（线），确因重大基础设施建设和自然条件等因素限制，无法避让而涉及自然保护区的，建设前须征得省级以上自然保护区主管部门同意，并接受监督

4. 根据《关于进一步加强涉及自然保护区开发建设活动监督管理的通知》，下列说法中，错误的是（　　）。（2017 年考题）

A. 严禁在自然保护区内开展不符合功能定位的开发建设活动

B. 禁止在自然保护区核心区开展任何开发建设活动，建设任何生产经营设施

C. 在自然保护区的实验区内限制建设污染环境、破坏自然资源或自然景观的生产

设施

D. 对于自然保护区实验区内未批先建、批建不符的项目，要责令停止建设或使用，并恢复原状

5. 根据《关于进一步加强涉及自然保护区开发建设活动监督管理的通知》，下列涉及自然保护区建设项目监督管理的说法，错误的是（　　）。（2018 年考题）

A. 涉及自然保护区建设项目的准入审查由环境保护主管部门负责

B. 禁止在自然保护区内进行开矿、开垦、挖沙、采石等法律明令禁止的活动

C. 禁止社会资本进入自然保护区探矿，保护区内探明的矿产只能作为国家战略储备源

D. 地方各有关部门要认真执行《国家级自然保护区调整管理规定》，从严控制自然保护区调整

6. 根据《中华人民共和国自然保护区条例》，下列关于自然保护区应禁止开展的活动的说法，正确的是（　　）。（2021 年考题）

A. 自然保护区缓冲区禁止开展研究观测、调查活动

B. 自然保护区核心区禁止开展研究观测、调查活动

C. 自然保护区核心区禁止从事标本采集活动

D. 自然保护区实验区禁止开展参观、旅游活动

7. 根据《中华人民共和国自然保护区条例》，自然保护区的内部未分区的，其管理要求说法正确的是（　　）。（2021 年考题）

A. 应尽快组织划定分区后，依照本条例有关分区要求的规定管理

B. 依照本条例有关缓冲区的规定管理

C. 依照本条例有关核心区的规定管理

D. 依照本条例有关核心区和缓冲区的规定管理

8. 根据《中华人民共和国自然保护区条例》，自然保护区内划分的功能区不包括（　　）。（2022 年考题）

A. 实验区　　B. 缓冲区

C. 核心区　　D. 外围保护地带

9. 根据《中华人民共和国自然保护区条例》，下列关于自然保护区内部分未分区区域管理的说法，错误的是（　　）。（2022 年考题）

A. 禁止开展旅游活动　　B. 禁止建设生产设施

C. 禁止开展科学研究活动　　D. 禁止进行生产经营活动

10. 根据《中华人民共和国自然保护区条例》，下列关于自然保护区功能区划分说法，正确的是（　　）。（2023 年考题）

A. 自然保护区内天然状态的生态系统应当划为核心区

B．自然保护区可以分为核心区、缓冲区和外围保护地带

C．自然保护区内核心区外围可以划定一定面积的缓冲区

D．自然保护区缓冲区外围可以划定一定面积的外围保护地带

11．根据《中华人民共和国自然保护区条例》，下列关于自然保护区功能区划分及保护的要求，正确的是（　　）。（2024 年考题）

A．核心区外围划为实验区

B．缓冲区外围划为外围保护地带

C．缓冲区可以进入进行繁殖珍稀、濒危野生动物等活动

D．自然保护区内保存完好的天然状态的生态系统，应当划为核心区

12．根据《中华人民共和国自然保护区条例》，关于自然保护区内禁止行为的说法，错误的是（　　）。（2024 年考题）

A．禁止在缓冲区内开展生产经营活动

B．未经批准，禁止任何人进入核心区

C．禁止在外围保护地带开展旅游和生产经营活动

D．经批准后可以在缓冲区从事非破坏性的科学研究、教学实习

二、不定项选择题

1．根据《中华人民共和国自然保护区条例》，下列关于自然保护区的功能区划分及保护规定的说法，正确的是（　　）。（2020 年考题）

A．自然保护区可以分为核心区、缓冲区、实验区以及外围保护地带

B．自然保护区的外围应当划定一定面积的外围保护地带

C．核心区和缓冲区不允许进入从事科学研究观测活动

D．自然保护区内保存完好的天然状态的生态系统，应当划为核心区

2．根据《中华人民共和国自然保护区条例》，某自然保护区是某类濒危野生动物的天然集中分布区域，该野生动物具有较高的参观、旅游价值，自然保护区管理机构已编制了参观、旅游活动方案，根据该方案，现拟在该自然保护区实验区内进行下列活动，其中不属于应禁止行为的是（　　）。（2021 年考题）

A．建设儿童游乐场　　B．按照方案建设旅游设施

C．修建野生动物迁徙通道　　D．修建该濒危野生动物繁育基地

3．根据《中华人民共和国自然保护区条例》，自然保护区禁止的行为有（　　）。（2021 年考题）

A．狩猎　　B．烧荒

C．科学研究考察　　D．旅游活动

4．根据《中华人民共和国自然保护区条例》，自然保护区禁止的行为有（　　）。

（2023 年考题）

A. 采油　　B. 参观

C. 放牧　　D. 烧荒

5. 根据《中华人民共和国自然保护区条例》，自然保护区内禁止的行为包括（　）。（2024 年考题）

A. 挖沙　　B. 捕捞

C. 开垦　　D. 研究观测

参考答案

一、单项选择题

1. B 【解析】第十八条：“缓冲区外围划为实验区，可以进入从事科学试验、教学实习、参观考察、旅游以及驯化、繁殖珍稀、濒危野生动植物等活动。”

2. B 【解析】保护区管理机构要对项目建设进行全过程跟踪，开展生态监测，发现问题应当及时处理和报告。

3. D 【解析】D 的正确说法是：建设项目选址（线）应尽可能避让自然保护区，确因重大基础设施建设和自然条件等因素限制无法避让的，要严格执行环境影响评价等制度，涉及国家级自然保护区的，建设前须征得省级以上自然保护区主管部门同意，并接受监督。

4. C 【解析】C 的正确说法是：在实验区不得建设污染环境、破坏自然资源或自然景观的生产设施。

5. A 【解析】A 的正确说法是：地方各有关部门依据各自职责，切实加强涉及自然保护区建设项目的准入审查。

6. C 【解析】第二十七条：“禁止任何人进入自然保护区的核心区。因科学研究的需要，必须进入核心区从事科学研究观测、调查活动的，应当事先向自然保护区管理机构提交申请和活动计划，并经自然保护区管理机构批准。”第二十八条：“禁止在自然保护区的缓冲区开展旅游和生产经营活动。因教学科研的目的，需要进入自然保护区的缓冲区从事非破坏性的科学研究、教学实习和标本采集活动的，应当事先向自然保护区管理机构提交申请和活动计划，经自然保护区管理机构批准。”由此可见，经批准后可以进入核心区从事科学研究观测、调查活动，但不得开展标本采集活动。

7. D 【解析】第三十条：“自然保护区的内部未分区的，依照本条例有关核心区和缓冲区的规定管理。”

8. D 【解析】第十八条："自然保护区可以分为核心区、缓冲区和实验区"。

9. C 【解析】第三十条："自然保护区的内部未分区的，依照本条例有关核心区和缓冲区的规定管理。"第二十七条："禁止任何人进入自然保护区的核心区。因科学研究的需要，必须进入核心区从事科学研究观测、调查活动的，应当事先向自然保护区管理机构提交申请和活动计划，并经自然保护区管理机构批准"。第二十八条："禁止在自然保护区的缓冲区开展旅游和生产经营活动。因教学科研的目的，需要进入自然保护区的缓冲区从事非破坏性的科学研究、教学实习和标本采集活动的，应当事先向自然保护区管理机构提交申请和活动计划，经自然保护区管理机构批准"。

10. C 【解析】第十八条："自然保护区可以分为核心区、缓冲区和实验区。自然保护区内保存完好的天然状态的生态系统以及珍稀、濒危动植物的集中分布地，应当划为核心区，……核心区外围可以划定一定面积的缓冲区，……原批准建立自然保护区的人民政府认为必要时，可以在自然保护区的外围划定一定面积的外围保护地带。"

11. D 【解析】第十八条："自然保护区可以分为核心区、缓冲区和实验区。自然保护区内保存完好的天然状态的生态系统以及珍稀、濒危动植物的集中分布地，应当划为核心区，禁止任何单位和个人进入；除依照本条例第二十七条的规定经批准外，也不允许进入从事科学研究活动。核心区外围可以划定一定面积的缓冲区，只准进入从事科学研究观测活动。缓冲区外围划为实验区，可以进入从事科学试验、教学实习、参观考察、旅游以及驯化、繁殖珍稀、濒危野生动植物等活动。原批准建立自然保护区的人民政府认为必要时，可以在自然保护区的外围划定一定面积的外围保护地带。"

12. C 【解析】第十八条："自然保护区可以分为核心区、缓冲区和实验区。自然保护区内保存完好的天然状态的生态系统以及珍稀、濒危动植物的集中分布地，应当划为核心区，禁止任何单位和个人进入；除依照本条例第二十七条的规定经批准外，也不允许进入从事科学研究活动。"

第二十八条："禁止在自然保护区的缓冲区开展旅游和生产经营活动。因教学科研的目的，需要进入自然保护区的缓冲区从事非破坏性的科学研究、教学实习和标本采集活动的，应当事先向自然保护区管理机构提交申请和活动计划，经自然保护区管理机构批准。"

二、不定项选择题

1. D 【解析】根据第十八条，自然保护区分区不包括外围保护地带；外围保护地带是可以划定，不是应当划定；缓冲区只准进入从事科学研究观测活动。

2. BCD 【解析】第二十九条：“严禁开设与自然保护区保护方向不一致的参观、旅游项目。”因此A选项是错误的。

3. AB 【解析】第二十六条：“禁止在自然保护区内进行砍伐、放牧、狩猎、捕捞、采药、开垦、烧荒、开矿、采石、挖沙等活动；但是，法律、行政法规另有规定的除外。”

4. ACD 【解析】第二十六条：“禁止在自然保护区内进行砍伐、放牧、狩猎、捕捞、采药、开垦、烧荒、开矿、采石、挖沙等活动；但是，法律、行政法规另有规定的除外。”

5. ABC 【解析】第二十六条：“禁止在自然保护区内进行砍伐、放牧、狩猎、捕捞、采药、开垦、烧荒、开矿、采石、挖沙等活动；但是，法律、行政法规另有规定的除外。”

（二十）《风景名胜区条例》

一、单项选择题

1．根据《风景名胜区条例》，下列不属于风景名胜区内禁止的活动是（　　）。（2020 年考题）

A．修坟立碑　　B．乱扔垃圾

C．举办大型游乐活动　　D．在景物或设施上刻划

2．根据《风景名胜区条例》，下列不属于风景名胜区内禁止的活动是（　　）。（2021 年考题）

A．在风景名胜区核心景区内建设宾馆　B．开荒等破坏植被的活动

C．修建景区车辆加油储罐　　D．在景物上涂污

3．根据《风景名胜区条例》，风景名胜区内可以从事的活动是（　　）。（2022 年考题）

A．修建索道　　B．露天采矿　　C．修炸药库　　D．修坟立碑

4．根据《风景名胜区条例》，在风景名胜区内禁止的活动是（　　）。（2023 年考题）

A．建设疗养院　　B．设置弃土场

C．张贴公益广告　　D．修建观光电梯

5．根据《风景名胜区条例》，在风景名胜区内禁止的活动是（　　）。（2024 年考题）

A．修建道路　　B．修建索道

C．采石开矿　　D．建设娱乐设施

参考答案

一、单项选择题

1．C　【解析】第二十六条：“在风景名胜区内禁止进行下列活动：（一）开山、采石、开矿、开荒、修坟立碑等破坏景观、植被和地形地貌的活动；（二）修建储存爆炸性、易燃性、放射性、毒害性、腐蚀性物品的设施；（三）在景物或者设施上刻划、涂污；（四）乱扔垃圾。”

2．A 【解析】A选项的正确说法是第二十七条："禁止违反风景名胜区规划，在风景名胜区内设立各类开发区和在核心景区内建设宾馆、招待所、培训中心、疗养院以及与风景名胜资源保护无关的其他建筑物。"前提是违反风景名胜区规划。其余选项都是第二十六条规定的禁止进行的活动。

3．A 【解析】第二十六条："在风景名胜区内禁止进行下列活动：（一）开山、采石、开矿、开荒、修坟立碑等破坏景观、植被和地形地貌的活动；（二）修建储存爆炸性、易燃性、放射性、毒害性、腐蚀性物品的设施；（三）在景物或者设施上刻划、涂污；（四）乱扔垃圾。"

4．B

5．C 【解析】第二十六条："在风景名胜区内禁止进行下列活动：（一）开山、采石、开矿、开荒、修坟立碑等破坏景观、植被和地形地貌的活动；（二）修建储存爆炸性、易燃性、放射性、毒害性、腐蚀性物品的设施；（三）在景物或者设施上刻划、涂污；（四）乱扔垃圾。"

（二十一）《土地复垦条例》

一、单项选择题

1. 根据《土地复垦条例》，下列关于损毁土地复垦原则的说法，错误的是（　）。（2020年考题）

A. 复垦的土地应当优先用于农业

B. 自然灾害损毁的土地，由县级以上人民政府负责组织复垦

C. 土地复垦应当坚持科学规划、因地制宜、综合治理、经济可行、合理利用的原则

D. 生产建设活动损毁的土地，按照“谁使用，谁复垦”的原则，由生产建设单位或者个人负责复垦

2. 根据《土地复垦条例》，下列关于损毁土地复垦的说法，错误的是（　　）。（2021年考题）

A. 土地复垦义务人应当建立土地复垦质量控制制度

B. 应当首先对拟损毁的耕地进行表土剥离，剥离的表土用于农用地土壤改良

C. 受重金属污染物或者其他有毒有害物质污染的土地复垦后，达不到国家有关标准的，不得用于种植食用农作物

D. 土地复垦义务人不复垦，或者复垦验收中经整改仍不合格的，应当缴纳土地复垦费

3. 根据《土地复垦条例》，土地复垦义务人应负责复垦的土地不包括（　　）。（2022年考题）

A. 露天采矿坑　　B. 地震损毁区

C. 矸石周转场　　D. 临时弃土场

4. 根据《土地复垦条例》，下列关于生产建设活动损毁土地复垦的原则说法，错误的是（　　）。（2023年考题）

A. 谁损毁、谁复垦

B. 科学规划、因地制宜

C. 综合治理、经济可行

D. 创新统筹、合理利用

5. 根据《土地复垦条例》，下列损毁土地中，不属于土地复垦义务人负责复垦的是（　　）。（2024年考题）

A．露天采矿

B．矸石堆场

C．临时弃土场

D．泥石流损毁的土地

二、不定项选择题

1．根据《土地复垦条例》，下列属于土地复垦义务人负责复垦的土地类别有（　）。（2020 年考题）

A．历史遗留损毁土地

B．堆放废石压占的土地

C．地下采矿造成地表塌陷的土地

D．交通设施建设活动临时占用所损毁的土地

参考答案

一、单项选择题

1．D　【解析】D 的正确说法应该是第三条：“生产建设活动损毁的土地，按照‘谁损毁，谁复垦’的原则，由生产建设单位或者个人（以下称土地复垦义务人）负责复垦。”

2．B　【解析】B 的正确说法应该是：剥离的表土用于被损毁土地的复垦。

3．B　【解析】第十条：“下列损毁土地由土地复垦义务人负责复垦：（一）露天采矿、烧制砖瓦、挖沙取土等地表挖掘所损毁的土地；（二）地下采矿等造成地表塌陷的土地；（三）堆放采矿剥离物、废石、矿渣、粉煤灰等固体废弃物压占的土地；（四）能源、交通、水利等基础设施建设和其他生产建设活动临时占用所损毁的土地。”

4．D　【解析】第三条：“生产建设活动损毁的土地，按照‘谁损毁，谁复垦’的原则，由生产建设单位或者个人（以下称土地复垦义务人）负责复垦。但是，由于历史原因无法确定土地复垦义务人的生产建设活动损毁的土地（以下称历史遗留损毁土地），由县级以上人民政府负责组织复垦。自然灾害损毁的土地，由县级以上人民政府负责组织复垦。”第四条：“土地复垦应当坚持科学规划、因地制宜、综合治理、经济可行、合理利用的原则。复垦的土地应当优先用于农业。”

5．D　【解析】第三条：“自然灾害损毁的土地，由县级以上人民政府负责

组织复垦。”

第十条：“下列损毁土地由土地复垦义务人负责复垦：（一）露天采矿、烧制砖瓦、挖沙取土等地表挖掘所损毁的土地；（二）地下采矿等造成地表塌陷的土地；（三）堆放采矿剥离物、废石、矿渣、粉煤灰等固体废弃物压占的土地；（四）能源、交通、水利等基础设施建设和其他生产建设活动临时占用所损毁的土地。”

二、不定项选择题

1. BCD 【解析】第十条：“下列损毁土地由土地复垦义务人负责复垦：（一）露天采矿、烧制砖瓦、挖沙取土等地表挖掘所损毁的土地；（二）地下采矿等造成地表塌陷的土地；（三）堆放采矿剥离物、废石、矿渣、粉煤灰等固体废弃物压占的土地；（四）能源、交通、水利等基础设施建设和其他生产建设活动临时占用所损毁的土地。”历史遗留损毁土地是指由于历史原因无法确定土地复垦义务人的生产建设活动损毁的土地，由县级以上人民政府负责组织复垦。

（二十二）《医疗废物管理条例》

一、单项选择题

1. 根据《医疗废物管理条例》，下列关于医疗卫生机构对医疗废物管理的要求，错误的是（　　）。（2020 年考题）

A. 医疗废物暂时贮存的时间不得超过 2 天

B. 医疗废物的暂时贮存设施、设备应当定期消毒和清洁

C. 医疗废物在交医疗废物集中处置单位处置前应当就地消毒

D. 医疗废物专用包装物、容器，应当有明显的警示标识和警示说明

2. 根据《医疗废物管理条例》，下列关于医疗废物集中处置单位的贮存、处置设施选址的说法，正确的是（　　）。（2021 年考题）

A. 不得位于水源保护区上游　　B. 应当远离工厂、企业等工作场所

C. 应当远离居（村）民居住区　　D. 应当和交通干道有适当的安全防护距离

3. 根据《医疗废物管理条例》，下列关于医疗卫生机构医疗废物管理的说法，错误的是（　　）。（2022 年考题）

A. 医疗废物暂时贮存的时间不得超过 3 天

B. 医疗废物的暂时贮存设施应当定期消毒和清洁

C. 病原体标本暂时贮存设施应远离生活垃圾存放场所

D. 病原体标本应就地消毒后交医疗废物集中处置单位处置

4. 根据《医疗废物管理条例》，下列关于医疗废物运输的规定，错误的是（　　）。（2023 年考题）

A. 禁止邮寄医疗废物

B. 禁止通过水路运输医疗废物

C. 禁止通过铁路、航空运输医疗废物

D. 禁止在饮用水源保护区的水体上运输医疗废物

5. 根据《医疗废物管理条例》，下列医疗卫生机构医疗废物管理的说法，错误的是（　　）。（2024 年考题）

A. 不得露天存放医疗废物

B. 医疗废物的暂时贮存设施、设备应当定期消毒和清洁

C. 高危险医疗废物应当交危险废物集中处置单位消毒

D. 应当使用专用运送工具，收集、运送医疗废物至暂时贮存地点

参考答案

一、单项选择题

1. C 【解析】选项C的正确说法是第十九条："医疗废物中病原体的培养基、标本和菌种、毒种保存液等高危险废物，在交医疗废物集中处置单位处置前应当就地消毒。"并非所有的医疗废物都要就地消毒。

2. C 【解析】第二十四条："医疗废物集中处置单位的贮存、处置设施，应当远离居（村）民居住区、水源保护区和交通干道，与工厂、企业等工作场所有适当的安全防护距离，并符合国务院环境保护行政主管部门的规定。"

3. A 【解析】第十七条："医疗卫生机构应当建立医疗废物的暂时贮存设施、设备，不得露天存放医疗废物；医疗废物暂时贮存的时间不得超过 2 天。医疗废物的暂时贮存设施、设备，应当远离医疗区、食品加工区和人员活动区以及生活垃圾存放场所，并设置明显的警示标识和防渗漏、防鼠、防蚊蝇、防蟑螂、防盗以及预防儿童接触等安全措施。医疗废物的暂时贮存设施、设备应当定期消毒和清洁。"第十九条："医疗卫生机构应当根据就近集中处置的原则，及时将医疗废物交由医疗废物集中处置单位处置。医疗废物中病原体的培养基、标本和菌种、毒种保存液等高危险废物，在交医疗废物集中处置单位处置前应当就地消毒。"

4. B 【解析】第十五条："禁止邮寄医疗废物。禁止通过铁路、航空运输医疗废物。有路陆通道的，禁止通过水路运输医疗废物；没有陆路运输通道必需经水路运输医疗废物的，应当经设区的市级以上人民政府环境保护行政主管部门批准，并采取严格的环境保护措施后，方可通过水路运输。禁止将医疗废物与旅客放在同一运输工具上载运。禁止在饮用水源保护区水体运输医疗废物。"

5. C 【解析】第十七条："医疗卫生机构应当建立医疗废物的暂时贮存设施、设备，不得露天存放医疗废物。医疗废物的暂时贮存设施、设备应当定期消毒和清洁。"

第十八条："医疗卫生机构应当使用防渗漏、防遗撒的专用运送工具，按照本单位确定的内部医疗废物运送时间、路线，将医疗废物收集、运送至暂时贮存地点。"

第十九条："医疗废物中病原体的培养基、标本和菌种、毒种保存液等高危险废物，在交医疗废物集中处置单位处置前应当就地消毒。"

（二十三）《危险化学品安全管理条例》

一、单项选择题

1. 根据《危险化学品安全管理条例》，下列两者之间距离应当符合国家有关规定的是（ ）。（2021 年考题）

A．危险化学品储存设施与饮用水水源保护区

B．危险化学品储存设施与居住区

C．危险化学品生产装置与居住区

D．加油站、加气站与军事管理区

2. 根据《危险化学品安全管理条例》，危险化学品所具备的特性不包括（ ）。（2022 年考题）

A．腐蚀性　　B．助燃性　　C．放射性　　D．毒害性

3. 根据《危险化学品安全管理条例》，危险化学品性质不包括（ ）。（2022 年考题）

A．爆炸　　B．腐蚀　　C．放射　　D．助燃

4. 根据《危险化学品安全管理条例》，下列两者距离必须符合国家有关规定的是（ ）。（2024 年考题）

A．危险化学品储存设施与码头

B．危险化学品生产装置与湖泊

C．危险化学品储存设施与耕地

D．运输工具加气站与风景名胜区

二、不定项选择题

1. 根据《危险化学品安全管理条例》，下列化学品中属于危险化学品的有（ ）。（2020 年考题）

A．具有腐蚀性质，对设施具有危害的化学品

B．具有毒害性质，对人体具有危害的剧毒化学品

C．具有助燃性质，对人体、环境具有危害的化学品

D．具有爆炸性质，对人体、设施、环境具有危害的化学品

参考答案

一、单项选择题

1. C 【解析】第十九条：危险化学品生产装置或者储存数量构成重大危险源的危险化学品储存设施（运输工具加油站、加气站除外），与下列场所、设施、区域的距离应当符合国家有关规定：（一）居住区以及商业中心、公园等人员密集场所；（三）饮用水源、水厂以及水源保护区。危险化学品储存设施的前提是储存数量构成重大危险源，且加油站、加气站除外。

2. C 【解析】第三条："本条例所称危险化学品，是指具有毒害、腐蚀、爆炸、燃烧、助燃等性质，对人体、设施、环境具有危害的剧毒化学品和其他化学品。"

3. C

4. B 【解析】第十九条："危险化学品生产装置或者储存数量构成重大危险源的危险化学品储存设施（运输工具加油站、加气站除外），与下列场所、设施、区域的距离应当符合国家有关规定：（一）居住区以及商业中心、公园等人员密集场所；（二）学校、医院、影剧院、体育场（馆）等公共设施；（三）饮用水源、水厂以及水源保护区；（四）车站、码头（依法经许可从事危险化学品装卸作业的除外）、机场以及通信干线、通信枢纽、铁路线路、道路交通干线、水路交通干线、地铁风亭以及地铁站出入口；（五）基本农田保护区、基本草原、畜禽遗传资源保护区、畜禽规模化养殖场（养殖小区）、渔业水域以及种子、种畜禽、水产苗种生产基地；（六）河流、湖泊、风景名胜区、自然保护区；（七）军事禁区、军事管理区；（八）法律、行政法规规定的其他场所、设施、区域。"

二、不定项选择题

1. ABCD 【解析】第三条："本条例所称危险化学品，是指具有毒害、腐蚀、爆炸、燃烧、助燃等性质，对人体、设施、环境具有危害的剧毒化学品和其他化学品。"

（二十四）《畜禽规模养殖污染防治条例》及相关文件

一、单项选择题

1．根据《畜禽规模养殖污染防治条例》，下列区域内不属于禁止建设畜禽养殖场、养殖小区的是（　　）。（2021 年考题）

A．农产品主产区　　B．自然保护区的缓冲区

C．风景名胜区　　D．人口集中区域

2．根据《畜禽规模养殖污染防治条例》，禁止建设畜禽养殖场的区域不包括（　　）。（2022 年考题）

A．城镇居民区　　B．风景名胜区

C．饮用水水源地二级保护区　　D．自然保护区外围保护地带

3．根据《畜禽规模养殖污染防治条例》，染疫畜禽排泄物应采取的处置方式是（　　）。（2022 年考题）

A．还田处理　　B．深埋处理

C．制取沼气　　D．制造肥料

4．根据《畜禽规模养殖污染防治条例》，禁止建设畜禽养殖场、养殖小区的是（　　）。（2023 年考题）

A．饮用水源地准保护区　　B．自然保护区的实验区

C．村庄　　D．城镇居民区

5．根据《畜禽规模养殖污染防治条例》，染疫畜禽及其排泄物无害化处理方式不包括（　　）。（2023 年考题）

A．深埋　　B．还田

C．化制　　D．焚烧

6．根据《畜禽规模养殖污染防治条例》，下列措施不属于畜禽粪便综合利用的是（　　）。（2024 年考题）

A．深埋　　B．还田

C．制取沼气　　D．制造有机肥

7．根据《畜禽规模养殖污染防治条例》，关于畜禽养殖废弃物处理的说法，错误的是（　　）。（2024 年考题）

A．畜禽养殖废弃物未经处理，不得直接向环境排放

B．从事畜禽养殖废弃物处理活动，应当防止畜禽养殖废弃物泄漏

C. 病害畜禽养殖废弃物应当按照有关规定，进行焚烧等无害化处理

D. 向环境排放经过处理的畜禽养殖废弃物，应当符合环境质量标准

二、不定项选择题

1. 根据《畜禽规模养殖污染防治条例》，下列属于禁止建设畜禽养殖场、养殖小区的区域有（　　）。（2020 年考题）

A. 城镇居民区　　B. 风景名胜区

C. 饮用水水源准保护区　　D. 水土流失重点预防区

2. 根据《畜禽规模养殖污染防治条例》，下列关于综合利用与治理的说法，正确的有（　　）。（2021 年考题）

A. 国家鼓励和支持沼渣沼液输送和施用等相关配套设施建设

B. 将沼渣、沼液等用作肥料的，应当与土地的消纳能力相适应

C. 国家鼓励和支持采取制取沼气等方法，对畜禽养殖废弃物进行综合利用

D. 畜禽粪便、污水等废弃物应采取种植和养殖相结合的方式，实现就地就近利用

3. 根据《畜禽规模养殖污染防治条例》，下列关于向环境排放经过处理的畜禽养殖废弃物的说法，正确的有（　　）。（2023 年考题）

A. 应符合总量控制指标　　B. 应符合环境质量标准

C. 应符合环境卫生标准　　D. 应符合污染物排放标准

4. 根据《畜禽规模养殖污染防治条例》，禁止建设畜禽养殖小区的区域包括（　　）。（2024 年考题）

A. 耕地　　B. 风景名胜区

C. 自然保护区实验区　　D. 饮用水水源保护区

参考答案

一、单项选择题

1. A 【解析】第十一条："禁止在下列区域内建设畜禽养殖场、养殖小区：（一）饮用水水源保护区，风景名胜区；（二）自然保护区的核心区和缓冲区；（三）城镇居民区、文化教育科学研究区等人口集中区域；（四）法律、法规规定的其他禁止养殖区域。"

2. D 【解析】第十一条："禁止在下列区域内建设畜禽养殖场、养殖小区：（一）饮用水水源保护区，风景名胜区；（二）自然保护区的核心区和缓冲区；（三）城镇居民区、文化教育科学研究区等人口集中区域；（四）法律、法规规定的

其他禁止养殖区域。”

3. B 【解析】第二十一条：“染疫畜禽以及染疫畜禽排泄物、染疫畜禽产品、病死或者死因不明的畜禽尸体等病害畜禽养殖废弃物，应当按照有关法律、法规和国务院农牧主管部门的规定，进行深埋、化制、焚烧等无害化处理，不得随意处置。”

4. D 【解析】第十一条：“禁止在下列区域内建设畜禽养殖场、养殖小区：（一）饮用水水源保护区，风景名胜区；（二）自然保护区的核心区和缓冲区；（三）城镇居民区、文化教育科学研究区等人口集中区域；（四）法律、法规规定的其他禁止养殖区域。”

5. B 【解析】第二十一条：“染疫畜禽以及染疫畜禽排泄物、染疫畜禽产品、病死或者死因不明的畜禽尸体等病害畜禽养殖废弃物，应当按照有关法律、法规和国务院农牧主管部门的规定，进行深埋、化制、焚烧等无害化处理，不得随意处置。”

6. A 【解析】第十五条：“国家鼓励和支持采取粪肥还田、制取沼气、制造有机肥等方法，对畜禽养殖废弃物进行综合利用。”

7. D 【解析】第十九条：“从事畜禽养殖活动和畜禽养殖废弃物处理活动，应当及时对畜禽粪便、畜禽尸体、污水等进行收集、贮存、清运，防止恶臭和畜禽养殖废弃物渗出、泄漏。”

第二十条：“向环境排放经过处理的畜禽养殖废弃物，应当符合国家和地方规定的污染物排放标准和总量控制指标。畜禽养殖废弃物未经处理，不得直接向环境排放。”

第二十一条：“染疫畜禽以及染疫畜禽排泄物、染疫畜禽产品、病死或者死因不明的畜禽尸体等病害畜禽养殖废弃物，应当按照有关法律、法规和国务院农牧主管部门的规定，进行深埋、化制、焚烧等无害化处理，不得随意处置。”

二、不定项选择题

1. AB

2. ABC 【解析】D 的正确说法是第十六条：“国家鼓励和支持采取种植和养殖相结合的方式消纳利用畜禽养殖废弃物，促进畜禽粪便、污水等废弃物就地就近利用。”

3. AD 【解析】第二十条：“向环境排放经过处理的畜禽养殖废弃物，应当符合国家和地方的污染物排放标准和总量控制指标。”

4. BD 【解析】第十一条：“禁止在下列区域内建设畜禽养殖场、养殖小区：（一）饮用水水源保护区，风景名胜区；（二）自然保护区的核心区和缓冲区；（三）城镇居民区、文化教育科学研究区等人口集中区域；（四）法律、法规规定的其他禁止养殖区域。”

（二十五）《消耗臭氧层物质管理条例》及相关文件

编者注：2023 年 12 月 29 日，国务院公布《关于修改〈消耗臭氧层物质管理条例〉的规定》，因此在本书修编时仅保留了与修订后法律条文总体一致的题目，并结合法律修订情况对以往考题的部分文字进行了适当修改。

一、单项选择题

1．根据《消耗臭氧层物质管理条例》，下列关于消耗臭氧层物质生产、销售和使用的说法，错误的是（　　）。（2021 年考题）

A．从事含消耗臭氧层物质的制冷设备报废处理经营活动的单位，应当向所在地设区的市级人民政府生态环境主管部门备案

B．从事含消耗臭氧层物质的制冷设备报废处理经营活动的单位，应当对消耗臭氧层物质进行回收、无害化处置

C．从事消耗臭氧层物质再生利用经营活动的单位，应当对消耗臭氧层物质进行无害化处置

D．从事消耗臭氧层物质再生利用经营活动的单位，应当完整保存有关生产经营活动的原始资料至少 3 年

2．《消耗臭氧层物质管理条例》不适用（　　）。（2022 年考题）

A．制造消耗臭氧层物质的活动

B．销售消耗臭氧层物质产品的活动

C．使用消耗臭氧层物质的产品的活动

D．利用消耗臭氧层物质进行的生产经营活动

3．根据《消耗臭氧层物质管理条例》，下列关于适用范围说法，错误的是（　　）。（2023 年考题）

A．生产，是指制造消耗臭氧层物质的活动

B．使用，是指利用消耗臭氧层物质进行的生产经营活动

C．使用，包括使用含消耗臭氧层物质的产品的活动

D．在中华人民共和国境内从事消耗臭氧层物质的生产、销售、使用和进出口等活动

4．根据《关于生产和使用消耗臭氧层物质建设项目管理有关工作的通知》，下列关于消耗臭氧层物质管理有关要求的说法，正确的是（　　）。（2024 年考题）

A．禁止使用含消耗臭氧层物质的产品

B．禁止新建、扩建副产四氯化碳的建设项目

C．禁止扩建生产含消耗臭氧层物质灭火剂的建设项目

D．禁止改建使用含消耗臭氧层物质清洗剂的建设项目

二、不定项选择题

1．根据《关于生产和使用消耗臭氧层物质建设项目管理有关工作的通知》，下列关于生产和使用消耗臭氧层物质建设项目管理的说法，正确的有（　　）。（2020年考题）

A．禁止新建、扩建生产和使用受控用途的消耗臭氧层物质的建设项目

B．新建、改建、扩建副产四氯化碳的建设项目，应当配套建设四氯化碳处置设施

C．改建、异址建设生产受控用途的消耗臭氧层物质的建设项目，禁止增加消耗臭氧层物质生产能力

D．新建、改建、扩建生产化工原料用途的消耗臭氧层物质的建设项目，生产的消耗臭氧层物质仅用于企业自身下游化工产品的专用原料用途，不得对外销售

参考答案

一、单项选择题

1．B　【解析】B选项的正确说法是："从事含消耗臭氧层物质的制冷设备、制冷系统或者灭火系统的维修、报废处理等经营活动的单位，应当按照国务院生态环境主管部门的规定对消耗臭氧层物质进行回收、循环利用或者交由从事消耗臭氧层物质回收、再生利用、销毁等经营活动的单位进行无害化处置。"

2．C　【解析】第三条："在中华人民共和国境内从事消耗臭氧层物质的生产、销售、使用和进出口等活动，适用本条例。前款所称生产，是指制造消耗臭氧层物质的活动。前款所称使用，是指利用消耗臭氧层物质进行的生产经营等活动，不包括使用含消耗臭氧层物质的产品的活动。"

3．C

4．C　【解析】一、禁止新建、扩建生产和使用作为制冷剂、发泡剂、灭火剂、溶剂、清洗剂、加工助剂、气雾剂、土壤熏蒸剂等受控用途的消耗臭氧层物质的建设项目。二、改建、异址建设生产受控用途的消耗臭氧层物质的建设项目，禁止增加消耗臭氧层物质生产能力。四、新建、改建、扩建副产四氯化碳的建设项目，应当配套建设四氯化碳处置设施。

二、不定项选择题

1．ABCD

（二十六）《中华人民共和国长江保护法》

一、单项选择题

1. 根据《中华人民共和国长江保护法》，生态环境分区管控方案和生态环境准入清单的规定不包括（　　）。（2022 年考题）

A．禁止重污染企业和项目向长江中上游地区转移

B．禁止重污染企业和项目向经济不发达地区转移

C．生态环境准入清单应当与国土空间规划相衔接

D．生态环境分区管控方案应当与国土空间规划相衔接

2. 根据《中华人民共和国长江保护法》，长江流域应划为禁止航行的区域是（　　）。（2022 年考题）

A．自然保护地水域　　B．生态保护红线水域

C．水生生物洄游通道　　D．水生生物重要栖息地

3. 根据《中华人民共和国长江保护法》，长江重要支流岸线 1 km 内可建项目为（　　）。（2023 年考题）

A．新建尾矿库　　B．扩建尾矿库

C．扩建化工项目　　D．改建化工项目

4. 根据《中华人民共和国长江保护法》，生态环境分区管控方案和生态环境准入清单应当与（　　）相衔接。（2023 年考题）

A．国土空间规划　　B．土地利用规划

C．生态环境保护规划　　D．水生生物重要栖息地

5. 根据《中华人民共和国长江保护法》，下列关于外来物种和非本地物种种质资源管理的说法，正确的是（　　）。（2024 年考题）

A．禁止在长江流域养殖外来物种

B．禁止在长江流域开放水域投放外来物种

C．禁止在长江流域投放非本地物种种质资源

D．禁止在长江流域封闭水域投放非本地物种种质资源

6. 根据《中华人民共和国长江保护法》，禁止在长江流域水上运输的货品是（　　）（2024 年考题）。

A．危险废物　　B．剧毒化学品

C．易制毒化学品　　D．危险化学品

二、不定项选择题

1. 根据《中华人民共和国长江保护法》，长江流域严格限制的航道整治工程区域包括（　　）。（2022 年考题）

A. 自然保护地　　B. 规划采砂河道

C. 生态保护红线　　D. 水生生物重要栖息地水域

2. 根据《中华人民共和国长江保护法》，禁止采砂区和禁止采砂期严格控制（　　）。（2023 年考题）

A. 采砂区域　　B. 采砂方式

C. 采砂船吨位　　D. 采砂船数量

3. 根据《中华人民共和国长江保护法》，长江保护应坚持的原则（　　）。（2023 年考题）

A. 统筹协调　　B. 科学规划

C. 创新驱动　　D. 系统治理

4. 长江流域已建小水电工程不符合生态保护要求，根据《中华人民共和国长江保护法》，县级以上地方人民政府可以采取的措施包括（　　）。（2024 年考题）

A. 分类整改　　B. 关闭退出

C. 恢复原状　　D. 采取措施逐步退出

5. 根据《中华人民共和国长江保护法》，下列关于严格限制实施航道整治工程的区域包括（　　）。（2024 年考题）

A. 渔业养殖水域　　B. 自然保护地水域

C. 生态保护红线水域　　D. 水生生物重要栖息地水域

参考答案

一、单项选择题

1. B　【解析】第二十二条："长江流域省级人民政府根据本行政区域的生态环境和资源利用状况，制定生态环境分区管控方案和生态环境准入清单，报国务院生态环境主管部门备案后实施。生态环境分区管控方案和生态环境准入清单应当与国土空间规划相衔接。长江流域产业结构和布局应当与长江流域生态系统和资源环境承载能力相适应。禁止在长江流域重点生态功能区布局对生态系统有严重影响的产业。禁止重污染企业和项目向长江中上游转移。"

2. D　【解析】第二十七条："国务院交通运输主管部门会同国务院自然资源、

水行政、生态环境、农业农村、林业和草原主管部门在长江流域水生生物重要栖息地科学划定禁止航行区域和限制航行区域”。

3. D 【解析】第二十六条：“禁止在长江干支流岸线一公里范围内新建、扩建化工园区和化工项目。禁止在长江干流岸线三公里范围内和重要支流岸线一公里范围内新建、改建、扩建尾矿库；但是以提升安全、生态环境保护水平为目的的改建除外”。

4. A 【解析】第二十二条：“生态环境分区管控方案和生态环境准入清单应当与国土空间规划相衔接。”

5. B 【解析】第四十二条：“禁止在长江流域开放水域养殖、投放外来物种或者其他非本地物种种质资源。”

6. B 【解析】第五十一条：“禁止在长江流域水上运输剧毒化学品和国家规定禁止通过内河运输的其他危险化学品。”

二、不定项选择题

1. ACD 【解析】第二十七条：“严格限制在长江流域生态保护红线、自然保护地、水生生物重要栖息地水域实施航道整治工程；确需整治的，应当经科学论证，并依法办理相关手续”。

2. AD 【解析】第二十八条：“国务院水行政主管部门有关流域管理机构和长江流域县级以上地方人民政府依法划定禁止采砂区和禁止采砂期，严格控制采砂区域、采砂总量和采砂区域内的采砂船数量。禁止在长江流域禁止采砂区和禁止采砂期从事采砂活动。”

3. ABCD 【解析】第三条：“长江流域经济社会发展，应当坚持生态优先、绿色发展、共抓大保护，不搞大开发；长江保护应当坚持统筹协调、科学规划、创新驱动、系统治理。”

4. AD 【解析】第二十三条：“对长江流域已建小水电工程，不符合生态保护要求的，县级以上地方人民政府应当组织分类整改或者采取措施逐步退出。”

5. BCD 【解析】第二十七条：“严格限制在长江流域生态保护红线、自然保护地、水生生物重要栖息地水域实施航道整治工程；确需整治的，应当经科学论证，并依法办理相关手续”。

（二十七）《中华人民共和国湿地保护法》

一、单项选择题

1．根据《中华人民共和国湿地保护法》，下列应直接纳入重要湿地名录进行保护的是（　　）。（2022 年考题）

A．高山湿地　B．泻湖湿地　C．红树林湿地　D．泥炭沼泽湿地

2．根据《中华人民共和国湿地保护法》，某国家重大项目需要占用湿地，下列说法中错误的是（　　）。（2023 年考题）

A．应当尽量减少占用

B．国家严格控制占用湿地

C．采取必要措施减轻对湿地生态功能的不利影响

D．涉及国家湿地的，应当征求国务院林业草原主管部门的意见

3．根据《中华人民共和国湿地保护法》，下列属于湿地的水域是（　　）。（2024 年考题）

A．水田

B．养殖虹鳟鱼的鱼塘

C．养殖贝类的人工滩涂

D．有涵养水源生态功能的季节性积水水域

二、不定项选择题

1．根据《中华人民共和国湿地保护法》，下列属于被禁止的湿地利用行为有（　　）。（2022 年考题）

A．开垦自然湿地　B．排干自然湿地

C．利用自然湿地堆放固体废物　D．利用自然湿地净化达标尾水

2．根据《中华人民共和国湿地保护法》，下列关于占用湿地管理的说法，正确的有（　　）。（2024 年考题）

A．居民安居工程可占用国家重要湿地

B．临时占用湿地的期限一般不得超过二年

C．不得在临时占用的湿地上修建永久性建筑物

D．临时占用湿地期满后一年内，应当恢复湿地面积和生态条件

参考答案

一、单项选择题

1. C 【解析】第三十四条：“红树林湿地应当列入重要湿地名录；符合国家重要湿地标准的，应当优先列入国家重要湿地名录。”

2. C 【解析】第十九条：“国家严格控制占用湿地。禁止占用国家重要湿地，国家重大项目、防灾减灾项目、重要水利及保护设施项目、湿地保护项目等除外。建设项目选址、选线应当避让湿地，无法避让的应当尽量减少占用，并采取必要措施减轻对湿地生态功能的不利影响。建设项目规划选址、选线审批或者核准时，涉及国家重要湿地的，应当征求国务院林业草原主管部门的意见；涉及省级重要湿地或者一般湿地的，应当按照管理权限，征求县级以上地方人民政府授权的部门的意见。”

3. D 【解析】第二条：“本法所称湿地，是指具有显著生态功能的自然或者人工的、常年或者季节性积水地带、水域，包括低潮时水深不超过六米的海域，但是水田以及用于养殖的人工的水域和滩涂除外。”

二、不定项选择题

1. ABC 【解析】第二十八条：“禁止下列破坏湿地及其生态功能的行为：（一）开（围）垦、排干自然湿地，永久性截断自然湿地水源；（二）擅自填埋自然湿地，擅自采砂、采矿、取土；（三）排放不符合水污染物排放标准的工业废水、生活污水及其他污染湿地的废水、污水，倾倒、堆放、丢弃、遗撒固体废物；（四）过度放牧或者滥采野生植物，过度捕捞或者灭绝式捕捞，过度施肥、投药、投放饵料等污染湿地的种植养殖行为；（五）其他破坏湿地及其生态功能的行为。”

2. BCD 【解析】第十九条：“国家严格控制占用湿地。禁止占用国家重要湿地，国家重大项目、防灾减灾项目、重要水利及保护设施项目、湿地保护项目等除外。”

第二十条：“建设项目确需临时占用湿地的，应当依照《中华人民共和国土地管理法》、《中华人民共和国水法》、《中华人民共和国森林法》、《中华人民共和国草原法》、《中华人民共和国海域使用管理法》等有关法律法规的规定办理。临时占用湿地的期限一般不得超过二年，并不得在临时占用的湿地上修建永久性建筑物。临时占用湿地期满后一年内，用地单位或者个人应当恢复湿地面积和生态条件。”

（二十八）《地下水管理条例》

一、单项选择题

1．根据《地下水管理条例》，地下水污染防治的规定不包括（　　）。（2022年考题）

A．化学品经营企业应当采取防渗漏等措施，并进行地下水监测

B．工业聚集区运营单位应当采取防渗漏等措施，并进行地下水监测

C．矿山开采区运营单位应当采取防渗漏等措施，并进行地下水监测

D．危险废物处置场运营单位应当采取防渗漏等措施，并进行地下水监测

2．根据《地下水管理条例》，可能造成地下水污染的建设项目不得建在（　　）。（2023年考题）

A．裂缝发育区域

B．岩溶强发育区域

C．地下水禁止开发区

D．地下水限制开采区

3．根据《地下水管理条例》，下列应当禁止的行为是（　　）。（2024年考题）

A．利用地下水池贮存含重金属废水

B．利用地下管道方式输送含病原体的污水

C．利用地下管道方式输送含有毒污染物的废水

D．利用废弃矿坑贮存城镇污水处理产生的污泥

参考答案

一、单项选择题

1．A【解析】第四十一条："（二）化学品生产企业以及工业集聚区、矿山开采区、尾矿库、危险废物处置场、垃圾填埋场等的运营、管理单位，应当采取防渗漏等措施，并建设地下水水质监测井进行监测。"

2．B【解析】第四十二条："在泉域保护范围以及岩溶强发育、存在较多落水洞和岩溶漏斗的区域内，不得新建、改建、扩建可能造成地下水污染的建设项目。"

3．D【解析】第四十条："禁止下列污染或者可能污染地下水的行为：

（一）利用渗井、渗坑、裂隙、溶洞以及私设暗管等逃避监管的方式排放水污染物；（二）利用岩层孔隙、裂隙、溶洞、废弃矿坑等贮存石化原料及产品、农药、危险废物、城镇污水处理设施产生的污泥和处理后的污泥或者其他有毒有害物质；（三）利用无防渗漏措施的沟渠、坑塘等输送或者贮存含有毒污染物的废水、含病原体的污水和其他废弃物；（四）法律、法规禁止的其他污染或者可能污染地下水的行为。”

（二十九）《中华人民共和国黄河保护法》

一、单项选择题

1．根据《中华人民共和国黄河保护法》，黄河流域省级人民政府在制定生态环境分区管控方案和生态环境准入清单时，应当衔接的是（　　）。（2024年考题）

A．生态保护红线　　B．环境质量底线

C．资源利用上线　　D．国土空间规划

2．根据《中华人民共和国黄河保护法》，下列对黄河流域重点水域禁渔期管理的规定，正确的是（　　）。（2024年考题）

A．禁止从事生产性捕捞

B．禁止从事渔业资源捕捞

C．禁止从事天然渔业资源捕捞

D．禁止从事天然渔业资源生产性捕捞

二、不定项选择题

1．根据《中华人民共和国黄河保护法》，依法设立自然保护地的区域包括（　　）。（2024年考题）

A．野生动物重要栖息地

B．重要文化遗迹分布区

C．重要典型生态系统的完整分布区

D．珍贵濒危野生动物天然集中分布区

参考答案

一、单项选择题

1．D　【解析】第二十六条："黄河流域省级人民政府根据本行政区域的生态环境和资源利用状况，按照生态保护红线、环境质量底线、资源利用上线的要求，制定生态环境分区管控方案和生态环境准入清单，报国务院生态环境主管部门备案后实施。生态环境分区管控方案和生态环境准入清单应当与国土空间规划相衔接。"

2．D 【解析】第四十二条：“国家实行黄河流域重点水域禁渔期制度，禁渔期内禁止在黄河流域重点水域从事天然渔业资源生产性捕捞，具体办法由国务院农业农村主管部门制定。”

二、不定项选择题

1．CD 【解析】第三十八条：“国家统筹黄河流域自然保护地体系建设。国务院和黄河流域省级人民政府在黄河流域重要典型生态系统的完整分布区、生态环境敏感区以及珍贵濒危野生动植物天然集中分布区和重要栖息地、重要自然遗迹分布区等区域，依法设立国家公园、自然保护区、自然公园等自然保护地。”

（三十）《中华人民共和国青藏高原生态保护法》

一、单项选择题

1. 根据《中华人民共和国青藏高原生态保护法》，下列关于青藏高原生态保护修复的规定，正确的是（　　）。（2024 年考题）

A. 青藏高原的基本草原原则上划为禁牧区

B. 禁止在若尔盖泥炭沼泽湿地开采泥炭

C. 应加强对雪山冰川旅游资源的保护性开发

D. 应实行人工修复为主、自然恢复与人工修复为辅的系统治理

参考答案

一、单项选择题

1. B 【解析】第十八条："国家加强青藏高原生态保护修复，坚持山水林田湖草沙冰一体化保护修复，实行自然恢复为主、自然恢复与人工修复相结合的系统治理。"

第二十条："国务院有关部门和青藏高原县级以上地方人民政府应当建立健全青藏高原雪山冰川冻土保护制度，加强对雪山冰川冻土的监测预警和系统保护。"

第二十四条："对严重退化、沙化、盐碱化、石漠化的草原和生态脆弱区的草原，实行禁牧、休牧制度。"

（三十一）《中华人民共和国黑土地保护法》

一、单项选择题

1. 根据《中华人民共和国黑土地保护法》，下列关于建设项目占用黑土地的规定，错误的是（　　）。（2024年考题）

A. 应当补充数量和质量相当的耕地

B. 应当按照规定的标准对耕作层的土壤进行剥离

C. 建设项目主体应当制定剥离黑土的再利用方案

D. 剥离的黑土地须用于建设项目临时占地的土地复垦

参考答案

一、单项选择题

1. D 【解析】第二十一条：“剥离的黑土应当就近用于新开垦耕地和劣质耕地改良、被污染耕地的治理、高标准农田建设、土地复垦等。”

（三十二）《排污许可管理条例》

一、单项选择题

1. 根据《排污许可管理条例》，下列关于排污管理的说法，错误的是（　　）。（2024 年考题）

A. 污染物排放口位置和数量应当与排污许可证规定相符

B. 排污单位应当依法开展自行监测，并保存原始监测记录三年

C. 排污单位应当按照生态环境主管部门的规定建设规范化污染物排放口

D. 排污单位应当在建设污染防治设施的同时，建设规范化污染物排放口

二、不定项选择题

1. 根据《排污许可管理条例》，下列关于排污单位排污管理的说法，正确的有（　　）。（2024 年考题）

A. 排污单位应当按照排污许可证规定，提交排污许可证执行报告

B. 排污许可证执行报告的污染物排放量可作为年度生态环境统计的依据

C. 排污许可证执行报告的污染物排放量不作为重点污染物排放总量考核的依据

D. 排污单位应当按照规定在全国排污许可证管理信息平台公开污染物排放信息

参考答案

一、单项选择题

1. B 【解析】第十八条："排污单位应当按照生态环境主管部门的规定建设规范化污染物排放口，并设置标志牌。污染物排放口位置和数量、污染物排放方式和排放去向应当与排污许可证规定相符。实施新建、改建、扩建项目和技术改造的排污单位，应当在建设污染防治设施的同时，建设规范化污染物排放口。"

第十九条："排污单位应当按照排污许可证规定和有关标准规范，依法开展自行监测，并保存原始监测记录。原始监测记录保存期限不得少于 5 年。排污单位应当对自行监测数据的真实性、准确性负责，不得篡改、伪造。"

二、不定项选择题

1．ABD　【解析】第二十二条：“排污单位应当按照排污许可证规定的内容、频次和时间要求，向审批部门提交排污许可证执行报告，如实报告污染物排放行为、排放浓度、排放量等。排污许可证执行报告中报告的污染物排放量可以作为年度生态环境统计、重点污染物排放总量考核、污染源排放清单编制的依据。”

第二十三条：“排污单位应当按照排污许可证规定，如实在全国排污许可证管理信息平台上公开污染物排放信息。”

六、环境政策

编者注：2025 年版考试大纲新增了《中共中央 国务院关于全面推进美丽中国建设的意见》《入河排污口监督管理办法》《排污许可管理办法》《土壤污染源头防控行动计划》《入海排污口监督管理办法（试行）》《生态环境分区管控管理暂行规定》6 项政策，尚无真题收录，有需要的读者可参考《环境影响评价相关法律法规基础过关 800 题（2025 年版）》进行学习。

（一）《国家危险废物名录》及相关文件

编者注：《国家危险废物名录》（2025 年版）于 2024 年 11 月 26 日公布，因此在本书修编时仅保留了与修订后条文总体一致的题目，并结合修订情况对以往考题的部分文字进行了适当修改，请读者阅读时注意。

一、单项选择题

1. 根据《国家危险废物名录》，某化工企业产生的危险废物中包括 HW11 精（蒸）馏残渣，该危险废物的废物代码可能是（　　）。（2021 年考题）

A．261-011-10　　B．261-012-11

C．261-041-21　　D．无法确定

2．根据《国家危险废物名录》，危险废物不包括（　　）。（2022 年专题）

A．感染性固体废物　　B．剧毒危险化学品

C．易燃性固体废物　　D．腐蚀性液态废物

3．根据《危险废物转移管理办法》，下列关于危险废物转移相关责任的说法，错误的是（　　）。（2022 年考题）

A．危险废物移出人应开展危险废物鉴别工作

B．危险废物承运人应制定危险废物管理计划

C．危险废物接收人应填写危险废物转移联单信息

D．危险废物承运人应制定突发环境事件应急预案

4. 根据《国家危险废物名录（2021年版）》，危险废物不包括（　　）。（2023年专题）

A. 腐蚀性废液　　B. 易燃性气体

C. 传染性医疗废物　　D. 具有毒性的固废

5. 根据《危险废物转移管理办法》，下列危险废物转移相关方责任的有关规定说法，正确的是（　　）。（2023年考题）

A. 移出人应当制定危险废物管理计划

B. 托运人应当按照国家有关要求开展危险废物鉴别

C. 承运人应将危险废物接受情况、利用或者处置结果及时告知委托人

D. 承运人对接受人的主体资格和技术能力进行核实

6. 根据《国家危险废物名录》，下列不属于危险废物的是（　　）。（2024年题）

A. 具有易燃性危险特性的废气　　B. 具有腐蚀性危险特性的废液

C. 具有反应性危险特性的废渣　　D. 具有感染性危险特性的废料

7. 甲省A市某单位拟将一些危险废物转移到乙省B市，根据《危险废物转移管理办法》，下列跨省转移危险废物生态环境主管部门间协商要求的说法，正确的是（　　）。（2024年考题）

A. A市商乙省　　B. A市商B市

C. 甲省商乙省　　D. 甲省商B市

二、不定项选择题

1. 根据《国家危险废物名录》，危险废物的危险特性包括（　　）。（2021年考题）

A. 毒性　　B. 腐蚀性

C. 反应性　　D. 放射性

2. 某单位使用三辆车一次性转移危险废物，其中两辆车转移同一类，另一辆转移两类。根据《危险废物转移管理办法》，该单位可以填写危险废物转移联单的份数有（　　）份。（2024年考题）

A. 1　　B. 2

C. 3　　D. 4

参考答案

一、单项选择题

1．B 【解析】第五条："废物代码，是指危险废物的唯一代码，为 8 位数字。其中，第 1-3 位为危险废物产生行业代码［依据《国民经济行业分类》（GB/T 4754—2017）确定］，第 4-6 位为危险废物顺序代码，第 7-8 位为危险废物类别代码。"因此，废物代码的最后两位应和危险废物类别代码保持一致，即 11。

2．B 【解析】根据《国家危险废物名录》，列入名录的危险废物是具有毒性、腐蚀性、易燃性、反应性或者感染性的一种或几种危险特性的固体废物（包括液态废物），剧毒危险化学品不属于固体废弃物。

3．B 【解析】第九条："移出人、承运人、接受人应当依法制定突发环境事件的防范措施和应急预案，并报有关部门备案"；第十条："移出人应当履行以下义务：……（二）制定危险废物管理计划……移出人应当按照国家有关要求开展危险废物鉴别"。

4．B 【解析】易燃性气体不是固体废物。

5．A 【解析】根据《危险废物转移管理办法》第十条，移出人应履行以下义务：（一）对承运人或者接受人的主体资格和技术能力进行核实；（二）制定危险废物管理计划，明确拟转移危险废物的种类、重量（数量）和流向等信息。移出人应当按照国家有关要求开展危险废物鉴别。

6．A 【解析】第二条："具有下列情形之一的固体废物（包括液态废物），列入本名录：（一）具有毒性、腐蚀性、易燃性、反应性或者感染性一种或者几种危险特性的；（二）不排除具有危险特性，可能对生态环境或者人体健康造成有害影响，需要按照危险废物进行管理的。"

7．C 【解析】第二十一条："跨省转移危险废物的，应当向危险废物移出地省级生态环境主管部门提出申请。移出地省级生态环境主管部门应当商经接受地省级生态环境主管部门同意后，批准转移该危险废物。未经批准的，不得转移。"

二、不定项选择题

1．ABC 【解析】第五条："（四）危险特性，是指对生态环境和人体健康具有有害影响的毒性（Toxicity，T）、腐蚀性（Corrosivity，C）、易燃性（Ignitability，I）、反应性（Reactivity，R）和感染性（Infectivity，In）。"

2．CD 【解析】第十六条："移出人每转移一车（船或者其他运输工具）次同类危险废物，应当填写、运行一份危险废物转移联单；每车（船或者其他运输工具）次转移多类危险废物的，可以填写、运行一份危险废物转移联单，也可以每一类危险废物填写、运行一份危险废物转移联单。”3 辆车至少填写 3 份转移联单；另一辆转移两类的车也可以填写 2 份转移联单。

（二）《农用地土壤环境管理办法（试行）》

一、单项选择题

1. 根据《农用地土壤环境管理办法（试行）》农用地土壤污染预防的有关规定，下列说法中正确的是（　　）。（2021 年考题）

A. 县级以上地方环境保护主管部门应当根据本行政区域内工矿企业分布和污染排放情况，确定土壤环境重点监管企业名单

B. 农业生产者应采取种养结合、轮作等良好农业生产措施

C. 禁止向农田灌溉渠道排放不符合标准要求的工业废水或者医疗污水

D. 禁止在农用地排放、倾倒、使用清淤底泥等可能对土壤造成污染的固体废物

二、不定项选择题

1. 根据《农用地土壤环境管理办法（试行）》，在保证下游最近灌溉取水点的水质符合农田灌溉水质标准的前提下，下列允许向农田灌溉渠道排放的废水有（　　）。（2020 年、2022 年考题）

A. 工业废水　　B. 医疗污水

C. 畜禽养殖废水　　D. 农产品加工废水

2. 根据《农用地土壤环境管理办法（试行）》，禁止向农田灌溉排放污水包括（　　）。（2023 年考题）

A. 工业废水　　B. 医疗污水

C. 城镇生活污水　　D. 畜禽养殖废水

3. 根据《农用地土壤环境管理办法（试行）》，下列关于农用地土壤污染预防的说法，正确的有（　　）。（2024 年考题）

A. 禁止向农田灌溉渠道排放医疗污水

B. 禁止向农田灌溉渠道排放工业废水

C. 农田灌溉用水应当符合农田灌溉水质标准

D. 禁止向农田灌溉渠道排放农产品加工废水

参考答案

一、单项选择题

1．D　【解析】A选项的正确说法是：设区的市级以上地方环境保护主管部门应当根据本行政区域内工矿企业分布和污染排放情况，确定土壤环境重点监管企业名单。B选项的正确说法是：鼓励采取种养结合、轮作等良好农业生产措施。C选项的正确说法是：禁止向农田灌溉渠道排放工业废水或者医疗污水。

二、不定项选择题

1．CD　【解析】第十二条："禁止向农田灌溉渠道排放工业废水或者医疗污水。向农田灌溉渠道排放城镇污水以及未综合利用的畜禽养殖废水、农产品加工废水的，应当保证其下游最近的灌溉取水点的水质符合农田灌溉水质标准。"

2．AB

3．ABC　【解析】第十二条："禁止向农田灌溉渠道排放工业废水或者医疗污水。向农田灌溉渠道排放城镇污水以及未综合利用的畜禽养殖废水、农产品加工废水的，应当保证其下游最近的灌溉取水点的水质符合农田灌溉水质标准。"

（三）《工矿用地土壤环境管理办法（试行）》

一、单项选择题

1. 根据《工矿用地土壤环境管理办法（试行）》，下列关于地下储罐储存有毒有害物质的说法，错误的是（　　）。（2021 年考题）

A. 地下储罐储存有毒有害物质的，应当按照国家有关标准和规范的要求，设计、建设和安装泄漏监测装置

B. 重点单位现有地下储罐储存有毒有害物质的，应当在本办法公布后一年之内，将地下储罐的信息报所在地设区的市级生态环境主管部门备案

C. 新、改、扩建项目地下储罐储存有毒有害物质的，应当在项目投入生产或者使用之后，将地下储罐的信息报所在地设区的市级生态环境主管部门备案

D. 地下储罐的信息包括地下储罐的使用年限、类型、规格、位置和使用情况等

二、不定项选择题

1. 根据《工矿用地土壤环境管理办法（试行）》，重点单位应当建立土壤和地下水污染隐患排查治理制度，定期对重点区域、重点设施开展隐患排查。某重点单位原材料、固体废弃物均涉及有毒有害物质，其应开展隐患排查的重点区域包括（　　）。（2021 年考题）

A. 生产区　　B. 污水收集区

C. 原材料转运区　　D. 固体废物堆存区

参考答案

一、单项选择题

1. C　【解析】C 选项的正确说法是："重点单位新、改、扩建项目地下储罐储存有毒有害物质的，应当在项目投入生产或者使用之前，将地下储罐的信息报所在地设区的市级生态环境主管部门备案。"

二、不定项选择题

1．ACD 【解析】第十一条："重点区域包括涉及有毒有害物质的生产区，原材料及固体废物的堆存区、储放区和转运区等；重点设施包括涉及有毒有害物质的地下储罐、地下管线，以及污染治理设施等。"

（四）《污染地块土壤环境管理办法（试行）》

一、单项选择题

1. 根据《污染地块土壤环境管理办法（试行）》，责任主体灭失或者责任主体不明确的污染地块，下列属于应依法承担相关责任的主体是（　　）。（2020 年考题）

A. 所在地县级人民政府

B. 原土地使用权人

C. 所在地设区的市级人民政府

D. 现有土地使用权人

2. 根据《污染地块土壤环境管理办法（试行）》，某地块使用权人为企业 A，因经营不善被企业 B 收购后，将该地块租赁给企业 C 作为生产用地。后在调查中发现，企业 C 在生产经营过程中因管理不善，造成了土壤环境污染，则该地块土壤治理及修复的责任主体是（　　）。（2021 年考题）

A. 企业 A　　　　B. 企业 B

C. 企业 C　　　　D. 县级人民政府

3. 根据《污染地块土壤环境管理办法（试行）》，下列关于治理与修复责任主体的说法，正确的是（　　）。（2022 年考题）

A. 责任主体发生变更的，由所在地县级人民政府承担相关责任

B. 责任主体灭失的，由所在地县级人民政府依法承担相关责任

C. 土地使用权终止的，由所在地县级人民政府依法承担相关责任

D. 土地使用权依法转让的，由所在地县级人民政府依法承担相关责任

4. 根据《污染地块土壤环境管理办法（试行）》，土地使用权人应当按照风险管控方案要求，采取主要措施说法错误的是（　　）。（2023 年考题）

A. 及时移除或者清理污染源

B. 采取污染隔离、阻断等措施，防止污染扩散

C. 开展土壤、地表水、地下水、空气环境监测

D. 发现污染扩散时，加强空气监测

5. 根据《污染地块土壤环境管理办法（试行）》，下列关于污染地块风险管控的要求，错误的是（　　）。（2024 年考题）

A. 应开展环境监测

B．应及时清理污染源

C．发现污染扩散的，应及时开展原位修复

D．应采取污染阻断措施防止污染扩散

二、不定项选择题

1．根据《污染地块土壤环境管理办法（试行）》，按照“谁污染，谁治理”原则，造成土壤污染的单位或者个人应当承担治理与修复的主体责任。下列关于污染地块土壤治理和修复责任主体确定的说法，正确的是（　　）。（2019年考题）

A．责任主体发生变更的，由变更后继承其债权、债务的单位或者个人承担相关责任

B．责任主体灭失或者责任主体不明确的，由所在地县级人民政府依法承担相关责任

C．土地使用权依法转让的，由土地使用权受让人或者双方约定的责任人承担相关责任

D．土地使用权终止的，由原土地使用权人对其使用该地块期间所造成的土壤污染承担相关责任

2．根据《污染地块土壤环境管理办法（试行）》，对于污染地块，土地使用权人应当按照风险管控方案要求，采取的主要措施有（　　）。（2021年考题）

A．污染隔离　　B．污染阻断

C．及时清理污染源　　D．开展空气环境监测

参考答案

一、单项选择题

1．A　【解析】第十条：“责任主体灭失或者责任主体不明确的，由所在地县级人民政府依法承担相关责任。”

2．C　【解析】第十条：“按照‘谁污染，谁治理’原则，造成土壤污染的单位或者个人应当承担治理与修复的主体责任。”

3．B　【解析】根据《污染地块土壤环境管理办法（试行）》，“责任主体发生变更的，由变更后继承其债权、债务的单位或者个人承担相关责任；责任主体灭失或者责任主体不明确的，由所在地县级人民政府依法承担相关责任；土地使用权依法转让的，由土地使用权受让人或者双方约定的责任人承担相关责任；土地使用权终止的，由原土地使用权人对其使用该地块期间所造成的土壤污染承担相关责任”。

4．D 【解析】第二十条："土地使用权人应当按照风险管控方案要求，采取以下主要措施：（一）及时移除或者清理污染源；（二）采取污染隔离、阻断等措施，防止污染扩散；（三）开展土壤、地表水、地下水、空气环境监测；（四）发现污染扩散的，及时采取有效补救措施。"

5．C 【解析】第二十条："土地使用权人应当按照风险管控方案要求，采取以下主要措施：（一）及时移除或者清理污染源；（二）采取污染隔离、阻断等措施，防止污染扩散；（三）开展土壤、地表水、地下水、空气环境监测；（四）发现污染扩散的，及时采取有效补救措施。"

二、不定项选择题

1．ABCD 【解析】第十条："按照'谁污染，谁治理'原则，造成土壤污染的单位或者个人应当承担治理与修复的主体责任。责任主体发生变更的，由变更后继承其债权、债务的单位或者个人承担相关责任。责任主体灭失或者责任主体不明确的，由所在地县级人民政府依法承担相关责任。土地使用权依法转让的，由土地使用权受让人或者双方约定的责任人承担相关责任。土地使用权终止的，由原土地使用权人对其使用该地块期间所造成的土壤污染承担相关责任。土壤污染治理与修复实行终身责任制。"

2．ABCD 【解析】第二十条："土地使用权人应当按照风险管控方案要求，采取以下主要措施：（一）及时移除或者清理污染源；（二）采取污染隔离、阻断等措施，防止污染扩散；（三）开展土壤、地表水、地下水、空气环境监测；（四）发现污染扩散的，及时采取有效补救措施。"

（五）《关于深入打好污染防治攻坚战的意见》

一、单项选择题

1．根据《深入打好污染防治攻坚战的意见》，着力打好重污染天气消除攻坚战的任务不包括（　　）。（2022 年考题）

A．构建省市县三级重污染天气应急预案体系

B．大力推进挥发性有机物和氮氧化物协同减排

C．东北地区加强秸秆焚烧管控和采暖燃煤污染治理

D．京津冀持续开展秋冬季大气污染综合治理专项行动

2．根据《深入打好污染防治攻坚战的意见》，深入打好净土保卫战的任务不包括（　　）。（2022 年考题）

A．深入推进农用地土壤污染防治和安全利用

B．强化地下水污染协同防治

C．强化黑土地质量保护与监督

D．稳步推进“无废城市”建设

3．根据《深入打好污染防治攻坚战的意见》，下列不属于加快推动绿色低碳发展的内容的是（　　）。（2023 年考题）

A．加强生态环境分区管控

B．加快形成绿色低碳生活方式

C．推进清洁生产和能源资源节约高效利用

D．推进煤炭消费替代和转型升级

4．根据《深入打好污染防治攻坚战的意见》，下列不属于加快推动绿色低碳发展的内容是（　　）。（2024 年考题）

A．深入推进碳达峰行动

B．推动能源清洁低碳转型

C．加快形成绿色低碳生活方式

D．停批停建高耗能高排放项目

二、不定项选择题

1．根据《深入打好污染防治攻坚战的意见》，加快推动绿色低碳发展的要求不包括（　　）。（2022 年考题）

A．深入推进碳达峰行动

B．推动能源清洁低碳转型

C．有序推进高耗能高排放项目健康发展

D．聚焦国家重大战略打造绿色发展高地

2．根据《深入打好污染防治攻坚战的意见》，下列属于深入打好碧水保卫战的内容的是（　　）。（2023 年考题）

A．持续打好城市黑臭水体治理攻坚战

B．巩固提升饮用水安全保障水平

C．着力打好重点海域综合治理攻坚战

D．强化陆域海域污染协同治理

参考答案

一、单项选择题

1．B　【解析】根据《深入打好污染防治攻坚战的意见》，京津冀及周边地区、汾渭平原持续开展秋冬季大气污染综合治理专项行动，东北地区加强秸秆焚烧管控和采暖燃煤污染治理，科学调整大气污染防治重点区域范围，构建省市县三级重污染天气应急预案体系。选项 B 是着力打好臭氧污染防治攻坚战的内容。

2．C　【解析】根据《深入打好污染防治攻坚战的意见》，持续打好农业农村污染防治攻坚战、深入推进农用地土壤污染防治和安全利用、有效管控建设用地土壤污染风险、稳步推进“无废城市”建设、加强新污染物治理、强化地下水污染协同防治。

3．D　【解析】根据《深入打好污染防治攻坚战的意见》，深入推进碳达峰行动、聚焦国家重大战略打造绿色发展高地、推动清洁能源低碳转型、坚决遏制高耗能高排放项目盲目发展、推进清洁生产和能源资源节约高效利用、加强生态环境分区管控、加快形成绿色低碳生活方式。

4．D　【解析】加快推动绿色低碳发展的内容包括：（四）深入推进碳达峰行动。（五）聚焦国家重大战略打造绿色发展高地。（六）推动能源清洁低碳转型。（七）坚决遏制高耗能高排放项目盲目发展。（八）推进清洁生产和能源资源节约高效利用。（九）加强生态环境分区管控。（十）加快形成绿色低碳生活方式。

二、不定项选择题

1. C 【解析】根据《深入打好污染防治攻坚战的意见》，深入推进碳达峰行动、聚焦国家重大战略打造绿色发展高地、推动清洁能源低碳转型、坚决遏制高耗能高排放项目盲目发展、推进清洁生产和能源资源节约高效利用、加强生态环境分区管控、加快形成绿色低碳生活方式。选项 C 的正确说法是坚决遏制高耗能高排放项目盲目发展。

2. ABCD 【解析】《深入打好污染防治攻坚战的意见》提出："持续打好城市黑臭水体治理攻坚战、持续打好长江保护修复攻坚战、着力打好黄河生态保护治理攻坚战、巩固提升饮用水安全保障水平、着力打好重点海域综合治理攻坚战、强化陆路海域污染协同治理。"

（六）碳达峰碳中和相关文件

一、单项选择题

1．根据《2030 年前碳达峰行动方案》，碳达峰行动方案主要目标项不包括（　　）。（2022 年考题）

A．化石能源消费总量

B．非化石能源消耗比重

C．单位国内生产总值能源消耗下降比例

D．单位国内生产总值二氧化碳排放下降比例

2．根据《关于完整准确全面贯彻新发展理念做好碳达峰碳中和工作的意见》，未纳入国家有关领域产业规划的，一律不得新建改扩建（　　）。（2023 年考题）

A．乙烯　　B．炼油

C．对二甲苯　　D．煤质烯烃项目

3．根据《关于完整准确全面贯彻新发展理念做好碳达峰碳中和工作的意见》，纳入国家有关领域产业规划方可新建的项目是（　　）。（2024 年考题）

A．水泥项目　　B．电解铝项目

C．煤制烯烃项目　　D．钢铁项目

4．根据《2030 年前碳达峰行动方案》，下列关于推进产业园区循环化发展的内容，错误的是（　　）。（2024 年考题）

A．到 2030 年，重点产业园区应全部完成循环化改造

B．搭建基础设施和公共服务共享平台，加强园区物质流管理

C．以提升资源产出率和循环利用率为目标，开展园区循环化改造

D．推动园区企业循环式生产、产业循环式组合，组织企业实施清洁生产改造

二、不定项选择题

1．根据《2030 年前碳达峰行动方案》，工业领域碳达峰行动方案包括（　　）。（2022 年考题）

A．推动钢铁行业碳达峰　　B．推动建材行业碳达峰

C．城乡建设绿色低碳转型　　D．推动工业领域绿色低碳发展

2．根据《2030 年前碳达峰行动方案》，下列关于主要目标的说法，正确的是（　　）。（2023 年考题）

A．到 2025 年，非化石能源消费比重达到 20%左右

B．到 2025 年，单位国内生产总值能源消耗比 2020 年下降 13.5%

C．到 2030 年，非化石能源消费比重达到 25%左右

D．到 2030 年，单位国内生产总值能源消耗比 2020 年下降 65%以上

3．根据《2030 年前碳达峰行动方案》，下列关于推进煤炭消费替代和转型升级的内容，正确的有（　　）。（2024 年考题）

A．严格控制新增煤电项目，新建机组煤耗标准达到国际先进水平

B．新建跨区外送电力通道可再生能源电量比例原则上不低于 50%

C．大力推动煤炭清洁利用，合理划定禁止散烧区域，推进散煤替代

D．加快煤炭减量，“十四五”时期逐步减少，“十五五”时期严控煤炭消费增长

参考答案

一、单项选择题

1．A　【解析】根据《2030 年前碳达峰行动方案》，到 2025 年非化石能源消费比重达到 20%左右，单位国内生产总值能源消耗比 2020 年下降 13.5%，单位国内生产总值二氧化碳排放比 2020 年下降 18%，为实现碳达峰奠定坚实基础。

2．B　【解析】《关于完整准确全面贯彻新发展理念做好碳达峰碳中和工作的意见》提出：未纳入国家有关领域产业规划的，一律不得新建改扩建炼油和新建乙烯、对二甲苯、煤制烯烃项目。

3．C　【解析】《关于完整准确全面贯彻新发展理念做好碳达峰碳中和工作的意见》提出：“（七）坚决遏制高耗能高排放项目盲目发展。新建、扩建钢铁、水泥、平板玻璃、电解铝等高耗能高排放项目严格落实产能等量或减量置换，出台煤电、石化、煤化工等产能控制政策。未纳入国家有关领域产业规划的，一律不得新建改扩建炼油和新建乙烯、对二甲苯、煤制烯烃项目。”

4．A　【解析】《2030 年前碳达峰行动方案》提出：“1．推进产业园区循环化发展。以提升资源产出率和循环利用率为目标，优化园区空间布局，开展园区循环化改造。推动园区企业循环式生产、产业循环式组合，组织企业实施清洁生产改造，促进废物综合利用、能量梯级利用、水资源循环利用，推进工业余压余热、废气废液废渣资源化利用，积极推广集中供气供热。搭建基础设施和公共服务共享平台，加强园区物质流管理。到 2030 年，省级以上重点产业园区全部实施循环化改造。”

二、不定项选择题

1．ABD 【解析】根据《2030 年前碳达峰行动方案》，工业领域碳达峰行动方案：（1）推动工业领域绿色低碳发展；（2）推动钢铁行业碳达峰；（3）推动有色金属行业碳达峰；（4）推动建材行业碳达峰；（5）推动石化化工行业碳达峰；（6）坚决遏制“两高”项目盲目发展。C 属于城乡建设碳达峰行动内容。

2．ABC 【解析】根据《2030 年前碳达峰行动方案》，到 2025 年非化石能源消费比重达到 20%左右，单位国内生产总值能源消耗比 2020 年下降 13.5%，单位国内生产总值二氧化碳排放比 2020 年下降 18%，为实现碳达峰奠定坚实基础。到 2030 年，非石化能源消费比重达到 25%左右，单位国内生产总值二氧化碳排放比 2005 年下降 65%以上，顺利实现 2030 年前碳达峰要求。

3．ABC 【解析】根据《2030 年前碳达峰行动方案》，推进煤炭消费替代和转型升级。加快煤炭减量步伐，“十四五”时期严格合理控制煤炭消费增长，“十五五”时期逐步减少。严格控制新增煤电项目，新建机组煤耗标准达到国际先进水平，有序淘汰煤电落后产能，加快现役机组节能升级和灵活性改造，积极推进供热改造，推动煤电向基础保障性和系统调节性电源并重转型。严控跨区外送可再生能源电力配套煤电规模，新建通道可再生能源电量比例原则上不低于 50%。推动重点用煤行业减煤限煤。大力推动煤炭清洁利用，合理划定禁止散烧区域，多措并举、积极有序推进散煤替代，逐步减少直至禁止煤炭散烧。

（七）《“十四五”节能减排综合工作方案》

一、单项选择题

1. 根据《“十四五”节能减排综合工作方案》，重点行业绿色升级工程方案不包括（　　）。（2022 年考题）

A. 推进燃煤锅炉超低排放改造

B. 推进新型基础设施能效提升

C. 推进节能改造和污染物深度治理

D. 推进园区企业机构能效提升工程

2. 根据《“十四五”节能减排综合工作方案》，煤炭清洁高效利用工程方案不包括（　　）。（2022 年考题）

A. 推进存量煤电机组节煤降耗改造

B. 持续推动煤电机组超低排放改造

C. 加强大气污染物监测监管网络能力建设

D. 推动淘汰供热管网覆盖范围内的燃煤锅炉

3. 根据《“十四五”节能减排综合工作方案》，推进超低排放改造的行业不包括（　　）。（2023 年考题）

A. 钢铁　　B. 锅炉

C. 焦化　　D. 水泥

4. 根据《“十四五”节能减排综合工作方案》，下列关于实施园区节能环保提升工程的说法，正确的是（　　）。（2024 年考题）

A. 引导工业企业向省级工业园区集聚

B. 鼓励工业企业、园区优先利用可再生能源

C. 全面实施挥发性有机物集中治理的“绿岛”项目

D. 出水浓度超标的污水处理厂，开展片区管网系统化整治

5. 根据《“十四五”节能减排综合工作方案》，下列关于到 2025 年，降低溶剂型原料使用量和使用比例的说法，正确的是（　　）。（2024 年考题）

A. 油墨使用量降低 20%

B. 胶粘剂使用量降低 20%

C. 清洗剂使用量降低 20%

D. 工业涂料使用量降低 10%

二、不定项选择题

1．根据《“十四五”节能减排综合工作方案》，“十四五”期间考核的大气污染物主要目标包括（　　）。（2022 年考题）

A．颗粒物排放总量　　B．二氧化硫排放总量

C．氮氧化物排放总量　　D．挥发性有机物排放总量

2．根据《“十四五”节能减排综合工作方案》主要目标，下列说法中正确的是（　　）。（2023 年考题）

A．化学需氧量排放总量比 2020 年下降 8%以上

B．氨氮排放总量比 2020 年下降 8%以上

C．二氧化硫排放总量比 2020 年下降 10%以上

D．氮氧化物排放总量比 2020 年下降 12%以上

3．根据《“十四五”节能减排综合工作方案》，推进超低排放改造的行业包括（　　）。（2024 年考题）

A．钢铁　　B．水泥

C．焦化　　D．玻璃

参考答案

一、单项选择题

1．D　【解析】根据《“十四五”节能减排综合工作方案》，重点行业绿色升级工程方案是：推进节能改造和污染物深度治理；推进钢铁、水泥、焦化行业及燃煤锅炉超低排放改造；推进新型基础设施能效提升，加快绿色数据中心建设。

2．C　【解析】根据《“十四五”节能减排综合工作方案》，煤炭清洁高效利用工程包括：推进存量煤电机组节煤降耗改造、供热改造、灵活性改造“三改联动”，持续推动煤电机组超低排放改造。推广大型燃煤电厂热电联产改造，充分挖掘供热潜力，推动淘汰供热管网覆盖范围内的燃煤锅炉和散煤。

3．B　【解析】根据《“十四五”节能减排综合工作方案》，推进钢铁、水泥、焦化行业及燃煤锅炉超低排放改造。

4．B　【解析】根据《“十四五”节能减排综合工作方案》，（二）园区节能环保提升工程。引导工业企业向园区集聚，推动工业园区能源系统整体优化和污染综合整治，鼓励工业企业、园区优先利用可再生能源。以省级以上工业园区为重点，推进供热、供电、污水处理、中水回用等公共基础设施共建共享，对进

水浓度异常的污水处理厂开展片区管网系统化整治，加强一般固体废物、危险废物集中贮存和处置，推动挥发性有机物、电镀废水及特征污染物集中治理等“绿岛”项目建设。到2025年，建成一批节能环保示范园区。

5．B 【解析】根据《“十四五”节能减排综合工作方案》，（九）挥发性有机物综合整治工程。到2025年，溶剂型工业涂料、油墨使用比例分别降低20个百分点、10个百分点，溶剂型胶粘剂使用量降低20%。

二、不定项选择题

1．CD 【解析】根据《“十四五”节能减排综合工作方案》，到2025年，全国单位国内生产总值能源消耗比2020年下降13.5%，能源消费总量得到合理控制，化学需氧量、氨氮、氮氧化物、挥发性有机物排放总量比2020年分别下降8%、8%、10%以上、10%以上。

2．AB 【解析】根据《“十四五”节能减排综合工作方案》，到2025年，全国单位国内生产总值能源消耗比2020年下降13.5%，能源消费总量得到合理控制，化学需氧量、氨氮、氮氧化物、挥发性有机物排放总量比2020年分别下降8%、8%、10%以上、10%以上。

3．ABC 【解析】根据《“十四五”节能减排综合工作方案》，（一）重点行业绿色升级工程。推进钢铁、水泥、焦化行业及燃煤锅炉超低排放改造，到2025年，完成5.3亿t钢铁产能超低排放改造，大气污染防治重点区域燃煤锅炉全面实现超低排放。

（八）《关于进一步加强生物多样性保护的意见》

一、单项选择题

1. 根据《关于进一步加强生物多样性保护的意见》，持续优化生物多样性保护空间格局不包括（　　）。（2022 年考题）

A. 落实生物多样性就地保护体系　　B. 推进重要生态系统保护和修复

C. 持续推进生物多样性调查监测　　D. 完善生物多样性迁地保护体系

2. 根据《关于进一步加强生物多样性保护的意见》，下列不属于持续优化生物多样性保护空间格局的内容是（　　）。（2023 年考题）

A. 落实就地保护体系　　B. 推进重要生态系统保护和修复

C. 完善生物多样性迁地保护体系　　D. 持续推进生物多样性调查监测

3. 根据《关于进一步加强生物多样性保护的意见》，下列关于推进重要生态系统一体化保护和修复有关要求的说法，正确的是（　　）。（2024 年考题）

A. 统筹推进山水林田湖一体化保护和修复

B. 统筹推进山水林田湖草一体化保护和修复

C. 统筹推进山水林田湖草沙一体化保护和修复

D. 统筹推进山水林田湖草沙冰一体化保护和修复

参考答案

一、单项选择题

1. C　【解析】《关于进一步加强生物多样性保护的意见》提出：落实就地保护体系；推进重要生态系统保护和修复；完善生物多样性迁地保护体系。

2. D　【解析】根据《关于进一步加强生物多样性保护的意见》，D 属于构建完备的生物多样性保护监测体系的内容。

3. D　【解析】根据《关于进一步加强生物多样性保护的意见》，（八）推进重要生态系统保护和修复。统筹考虑生态系统完整性、自然地理单元连续性和经济社会发展可持续性，统筹推进山水林田湖草沙冰一体化保护和修复。

（九）《空气质量持续改善行动计划》

一、单项选择题

1．根据《空气质量持续改善行动计划》，下列不属于重点区域的是（　　）。（2024 年考题）

A．汾渭平原　　B．珠三角地区

C．长三角地区　　D．京津冀及周边地区

2．根据《空气质量持续改善行动计划》，下列关于优化产业结构，促进产业产品绿色升级的内容，错误的是（　　）。（2024 年考题）

A．禁止新增重点行业产能

B．推动绿色环保产业健康发展

C．坚决遏制高排放项目盲目上马

D．全面开展传统产业集群升级改造

二、不定项选择题

1．根据《空气质量持续改善行动计划》，下列关于强化多污染物减排，切实降低排放强度的说法，正确的有（　　）。（2024 年考题）

A．稳步推进大气氨污染防控

B．限期完成有色行业超低排放改造

C．推进重点行业污染深度治理

D．强化 VOCs 全流程、全环节综合治理

参考答案

一、单项选择题

1．B　【解析】根据《空气质量持续改善行动计划》，重点区域包括：京津冀及周边地区、长三角地区、汾渭平原。

2．A　【解析】根据《空气质量持续改善行动计划》，优化产业结构，促进产业产品绿色升级的内容包括：（四）坚决遏制高耗能、高排放、低水平项目盲目上马；（五）加快退出重点行业落后产能；（六）全面开展传统产业集群升级

改造；（七）优化含 VOCs 原辅材料和产品结构；（八）推动绿色环保产业健康发展。

二、不定项选择题

1. ACD 【解析】根据《空气质量持续改善行动计划》，六、强化多污染物减排，切实降低排放强度的内容包括：（二十一）强化 VOCs 全流程、全环节综合治理；（二十二）推进重点行业污染深度治理。高质量推进钢铁、水泥、焦化等重点行业及燃煤锅炉超低排放改造；（二十三）开展餐饮油烟、恶臭异味专项治理；（二十四）稳步推进大气氨污染防控。

（十）《尾矿污染环境防治管理办法》

一、单项选择题

1. 根据《尾矿污染环境防治管理办法》，下列关于尾矿污染防治有关规定的说法，错误的是（　）。（2024 年考题）

A. 尾矿库管理单位应当建立尾矿环境管理台账

B. 尾矿库运营单位应当采取措施防止扬尘污染

C. 尾矿水应当全部返回选矿工艺使用，不得外排

D. 采用传送带方式输送尾矿，应当采取封闭等措施

参考答案

一、单项选择题

1. C　【解析】根据《尾矿污染环境防治管理办法》第七条："产生尾矿的单位和尾矿库运营、管理单位应当建立尾矿环境管理台账。"第十三条："采用传送带方式输送尾矿的，应当采取封闭等措施，防止尾矿流失和扬散。"第十六条："尾矿库运营、管理单位应当采取库面抑尘、边坡绿化等措施防止扬尘污染，美化环境。"第十七条："尾矿水应当优先返回选矿工艺使用；向环境排放的，应当符合国家和地方污染物排放标准，不得与尾矿库外的雨水混合排放，并按照有关规定设置污染物排放口，设立标志，依法安装流量计和视频监控。"

（十一）《深入打好重污染天气消除、臭氧污染防治和柴油货车污染治理攻坚战行动方案》

一、单项选择题

1. 根据《深入打好重污染天气消除、臭氧污染防治和柴油货车污染治理攻坚战行动方案》，下列关于柴油货车污染治理攻坚行动方案的要求，错误的是（　　）。（2024 年考题）

A. 推进传统汽车清洁化　　B. 提高公路、铁路货运量

C. 推动车辆全面达标排放　　D. 加快推动机动车新能源化发展

参考答案

一、单项选择题

1. B　【解析】根据《深入打好重污染天气消除、臭氧污染防治和柴油货车污染治理攻坚战行动方案》，二、推进“公转铁”“公转水”行动：持续提升铁路货运能力。加快铁路专用线建设。提高铁路和水路货运量。三、柴油货车清洁化行动：推动车辆全面达标排放。推进传统汽车清洁化。加快推动机动车新能源化发展。

（十二）《生态保护红线生态环境监督办法（试行）》

一、单项选择题

1．根据《生态保护红线生态环境监督办法》，下列不属于生态保护红线保护应当坚持的原则是（　　）。（2024年考题）

A．问题导向　　B．公众参与　　C．发展优先　　D．分类监督

参考答案

一、单项选择题

1．C　【解析】根据《生态保护红线生态环境监督办法》第三条：“坚持生态优先、统筹兼顾、绿色发展、问题导向、分类监督、公众参与的原则。”

（十三）《国家公园管理暂行办法》

一、单项选择题

1. 根据《国家公园管理暂行办法》，国家公园内允许开展的人为活动是（　　）。（2024 年考题）

A. 农业种植工具生产

B. 病虫害防治药物生产

C. 不能搬迁的原住民采矿

D. 不能搬迁的原住民修缮生活设施

参考答案

一、单项选择题

1. D 【解析】根据《国家公园管理暂行办法》第十七条："国家公园核心保护区原则上禁止人为活动。国家公园管理机构在确保主要保护对象和生态环境不受损害的情况下，可以按照有关法律法规政策，开展或者允许开展下列活动：（一）管护巡护、调查监测、防灾减灾、应急救援等活动及必要的设施修筑，以及因有害生物防治、外来物种入侵等开展的生态修复、病虫害动植物清理等活动；（二）暂时不能搬迁的原住居民，可以在不扩大现有规模的前提下，开展生活必要的种植、放牧、采集、捕捞、养殖等生产活动，修缮生产生活设施；（三）国家特殊战略、国防和军队建设、军事行动等需要修筑设施、开展调查和勘查等相关活动；（四）国务院批准的其他活动。"